红色记忆® 28

血雨腥风中的潜伏英雄

海南省文化交流促进会　编

南海出版公司
2013・海口

图书在版编目（CIP）数据

红色记忆·第 1 辑·28 / 海南省文化交流促进会编．
—海口：南海出版公司，2013.11（2025.1 重印）
ISBN 978-7-5442-6959-9

Ⅰ．①红… Ⅱ．①海… Ⅲ．①革命传统教育—中国—青年读物②革命传统教育—中国—少年读物 Ⅳ．① D642-49

中国版本图书馆 CIP 数据核字（2013）第 263927 号

HONGSE JIYI · DI 1 JI · 28

红色记忆·第 1 辑·28

作　　者　海南省文化交流促进会
总 策 划　刘　栋
顾　　问　贾延岩
执行总编　任在齐　张　桐　张爱国
责任编辑　聂　敏
封面设计　郑广明
排版印务　魏灵玲
发行总监　杨成春
出版发行　南海出版公司　电话：（0898）66568505　66568511
社　　址　海南省海口市海秀中路 51 号星华大厦五楼　邮编：570206
电子信箱　nhpublishing@163.com
经　　销　新华书店
印　　刷　天津睿意佳彩印刷有限公司
开　　本　787 毫米 ×1092 毫米　1/16
印　　张　6.5
字　　数　100 千字
版　　次　2013 年 11 月第 1 版　2025 年 1 月第 2 次印刷
书　　号　ISBN 978-7-5442-6959-9
定　　价　39.80 元

南海版图书　版权所有　盗版必究

对历史无知的人，没有真正的信仰可言；没有信仰的人，不可能拥有美好的理想，不可能胸怀崇高的情感，也就不可能担负起任何责任。用欲望文化代替历史教育，足以使一个国家的青年被腐蚀、使一个民族的希望被毁掉，使这个国家和民族被永世万代地奴役！

鉴于此，我们呼唤历史，唤回那段属于二十世纪的“红色”历史，唤回那段炮火硝烟、颠沛流离的历史，唤回那冲天的狼烟留下的悲壮回忆、岁月年轮沉淀的斑驳痕迹。历史不应该被忽略，更不应该被遗忘，牢记那段革命战争年代的红色历史更是责任。为了那些不应该被忘却的记忆，为了那些不应该被丢弃的信念，于是就有了这套《红色记忆》丛书。

曾记否，当草鞋与意志丈量出来的两万五千里穿越一个伟大民族五千年的荣辱兴衰，革命的火种被一路播撒、一路点燃。人迹罕至的雪山、荒无人烟的草地被鲜血浸透，衬映出一段光辉的里程；万水千山早已被远远地抛在身后，一轮红日在黄土高原磅礴而起。满目疮痍的河山在 1936 年 10 月温暖如春……

曾记否，当生命和鲜血浸染的十几年光阴将一种记忆铭刻进一个伟大民族的历史画卷，革命的火焰从星火到燎原。这栏杆拍遍、易水悲歌般的呼号，这折戟沉沙、慷慨赴义的悲壮，这铁马冰河、枕戈待旦的苦战，这红旗漫卷、所向披靡的豪迈……腔腔热血、铮铮铁骨早已被熔铸成一座不朽的丰碑，中华民族从苦难中百死后生的壮丽诗史凝结成了五星闪耀的红色记忆。

曾记否，中华人民共和国成立以来，又有无数英烈接过前辈用鲜血染红的旗帜，或壮怀激烈戍边卫国，或忠于职守鞠躬尽瘁，或绝甘分少奉献大爱，甘做国家强盛、人民富裕的铺路石，成为和平年代民族复兴的荣光，把人民心中的红色记忆浸染得分外鲜艳，永不褪色。

这红色记忆，是信念不衰、志向不改的崇高气节；这红色记忆，是无私无我、生属苍生的博大胸怀；这红色记忆，是敢为人先、披荆斩棘的拓荒精神；这红色记忆，是中华民族最宝贵的精神财富。它告诫我们，人事有代谢，传承无绝期。缅怀先烈精神，继承先烈遗志，是社会的道德和民族的良心，是后来者须臾不可忘怀的本分。

老一代人把历史的真实交付给我们，我们有责任用真实还原历史，传承给下一代，把那段岁月与现在年轻人的生活连接到一起，使他们眼中的历史变得立体、真实、可靠，让历史成为他们前进的动力。本丛书将那些流动的、随时会飘散在时间天际的事件凝固下来，希望透过这些文字、图片，感受到英雄们那坚定的革命信念，感受到那个年代澎湃的革命激情，真切体会那段“红色历史”。

忘记历史，就意味着背叛。让我们重温历史，缅怀先烈，从中汲取力量，毅然前行。

刘栋

目录

CONTENT

目录

CONTENT

本丛书稿件拥有图文版权，未经授权不得转载复制。

本丛书稿件敬请作者文责自负。

本丛书稿件以及部分图片来源于网络。所付稿酬已包括电子及网络出版使用权费用。请未联系上的作者看到本书速与我公司联系，以便我公司支付稿酬。

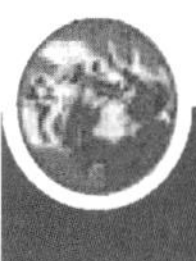

彭德怀在太行的故事

文/孟　红

彭德怀

“命值钱”的孩子

1942年冬天的一个傍晚，军寨村不足六岁的赵彩凤跟随九岁的邻居换籽姐姐，冒着刺骨的风雪费力地向漳河滩的木炭窑走去，想去拣点生炭生火取暖。但要走到那座木炭窑，得越过一条大水渠，这条两三米宽的大水渠上仅架着一块木板供人们行走。

当两个孩子手拉着手小心地走上这木板桥时，忽然一阵风卷着雪花迎面扑来，使得她们的双眼难以睁开，于是她们赶忙抬起胳膊遮挡。赵彩凤毕竟年纪幼小，心里着慌，被风刮得晃了几下，一下子就跌进了水里。

待赵彩凤清醒过来时，发现自己躺在一位素不相识的八路军叔叔的怀里，还裹着暖和的军大衣。

原来，赵彩凤突然失足落水后，同行的换籽当场被吓得大哭大叫起来，慌慌张张地跑回村里呼喊救人。这时，恰好有几位八路军战士路过，他们闻听呼喊声，立即不顾一切地飞奔到独板桥下。说时迟那时快，只见一位中年军人迅速甩掉军大衣，二话不说，纵身跳入冰冷刺骨的水中，把孩子救了上来。随即，他又不顾自己衣服湿透，用军大衣把孩子紧紧地裹住。

当村里群众闻讯赶来时，这几位八路军已经把落水的孩子抱回村口。事后，小彩凤才得知，那位跳水救她的八路军叔叔竟然就是八路军的副总司令彭德怀。

从此，孩子母亲逢人就由衷地夸耀：“俺彩凤的命值钱哩，是彭老总救了她一命。”

误会后的奖赏

1940年12月下旬的一天，彭德怀在一队战士的护卫下，途经襄垣，到武乡王家峪参加总部召开的重要会议。

当一行人行近史北镇下庄村时，被此村的岗哨队员发现了。他们警惕性很高，远远地看到有一队人马从山梁朝村里走来，误以为是日军又来“扫荡”了，就大声吆喝起来：“鬼子来了，快跑啊！”这一带的老百姓吃够了日军“扫荡”的苦，听到喊声，便纷纷扶老携幼，慌不择路地向山沟里跑去。

彭德怀知道群众误会了，连忙命令部队停止前进。

南铺村与下庄村仅隔一道山沟，那里的民兵隔沟望见这支身穿黄军装的部队，又看见下庄村的老百姓四处乱跑，也以为日军又来“扫荡”了，就开了火。

这一打，使护卫彭德怀的战士们着急起来。彭德怀见状立即命令：“迅速卧倒，谁也不准还击。”说完，他纵身一跃跳下马来，走到高处大声喊道：“乡亲们，不要打，我们是八路军，途经这里去王家峪的！”

洪亮的声音响彻山谷，民兵们见对方没有还击，才知道是自己人，闹了一场误会。

排长马新成带着民兵爬上山来，紧紧握住彭德怀的手，羞愧地道歉说：“首长，请处分我吧！”

彭德怀笑呵呵地说：“这有啥关系，误会嘛！本来，我们应事先派人打个招呼的，可考虑到一告诉你们，你们又要搞什么欢迎和慰劳了，徒然给群众增添麻烦，所以就想悄悄地过去，谁知会造成误会，反而还给群众带来了惊吓，怪我考虑不周。不过，无意中也考验了你们，警惕性还不低，也勇敢，好样的！”

马新成不好意思地接话说：“首长，差点闯下大祸，还表扬我们呢！”

彭德怀语重心长地接着说：“当然，也要批评你们。第一，你们的枪法不准，子弹都飞上了天，造成浪费。第二，战法不对。你们都直立山坡，目标太大。为什么不利用地形地貌？假若你们今天真的遇上了鬼子，像那种打法，一个也跑不掉。第三，应该先掩护群众转移。你看今天，随便喊一声，群众就乱跑，要是真的敌人来‘扫荡’，我看大家都要被包围。要记住，组织群众安全转移是民兵的重要责任啊！”

彭德怀这番分析精当、透彻，马新成和民兵们听得心悦诚服，连连点头，这种结合实战事例的讲解令他们获益颇深，这堂别开生面的军事实战课让他们终生难忘。这时，一个民兵深有感触，也很风趣地说道：“多亏我们的枪法不准，要不然今天就把亲人打坏啦！”

彭德怀与朱德、邓小平、彭雪枫、萧克等在山西武乡县王家峪八路军总部

一阵笑声过后，彭德怀严肃地说：“我今天倒是感谢你们的枪法不准，但误会毕竟是偶然的，更多的是与日军进行你死我活的战斗，准确的射击才能有效地杀伤敌人。你们县独立营营长赵永堂不是号称‘神枪手’吗？你们能不能都成为使敌人闻风丧胆的赵永堂？”

彭德怀亲临前线指挥作战

这时，下庄村的群众也都得知了事情的真相，放心地回村了，连同南铺村的群众把彭德怀围了个里三层外三层。彭德怀亲切地大声对群众说：“乡亲们，今天的误会使你们受了惊吓，对不起啦！但反过来讲，说明你们村里的民兵有着高度的警惕性，而且有胆量，不简单哩！我留给你们二十颗手榴弹、五百发子弹，算作误会后的奖赏吧！”

民兵们激动得不知说什么才好，大家对共产党、八路军的佩服与尊敬、拥护与支持更进一步加深了，他们决心认真练好过硬的杀敌本领，齐心协力抗击顽敌。

指导“论文”写作

夏纳是抗大总校的学生，毕业后被分配到八路军总部作战科当参谋，但他对分配给他的工作有点意见，心里不大痛快。彭德怀知道这一情况后，决定亲自找他谈一谈。

一天，彭德怀来到夏纳的住处，一见面就开门见山地说：“你就是夏纳同志吗？我叫彭德怀。”

一听是彭德怀，夏纳顿时紧张起来。他连忙站起来毕恭毕敬地向彭德怀敬了个礼，感到手足无措。

彭德怀看到他这个样子，温和地笑笑，尽量把神态放得随意一些，说：“听说你是从抗大总校来的，我们很欢迎。咱们这里真正有文化的人不多，很需要像你这样的知识分子前来工作。可是，据说让你到作战科你不很满意，是吗？”

夏纳局促地说：“我学的专业是工程技术，没有专门学过军事知识，我怕到作战科完成不好任务。”

“是呀，”彭德怀深有感触地说，“按照你所学的知识，本该让你去搞工程才对。但是，现在的形势不允许我们这样安排，我们正在打仗。根据地里又没有什么工程可搞，要搞也只能等到抗战胜利才行。眼下，摆在我们面前最主要的任务就是跟日本帝国主义打仗。特别是作战科，很需要一些有文化的同志去加强工作。为了对付日本鬼子，暂时只好让知识服从抗战，你说是不是？”

听了彭德怀这番话，夏纳思想上的疙瘩解开了，心情也觉得轻松了许多。他略微思索了一下，说：“行，彭总，我服从组织决定。”

彭德怀抓住时机，趁热打铁，继续开导他说：“其实，什么知识也是从实际工作中学来的。别以为军事这门学问高不可攀，实际上也没有什么了不起。只要肯学习、多动脑子，许多科学知识也都是可以学习到的。到那时，你就会觉得学习军事，指挥打仗，还真有意思多了。”

为了培养这些青年尽快成长，总部机关举办了政治、军事、文化等几个业余培训班，组织机关里的干部战士利用业余时间学习。彭德怀经常抽空去给学员们讲课。他还督促他们记学习笔记，而且经常阅读他们的学习心得及笔记，指出他们学习中的优缺点。

一天，彭德怀在作战科看到夏纳写的一篇题为“论敌人的‘铁壁合围’战术”的文章，心里十分高兴，便坐下来认真地阅读起来。

原来，这年夏天，日本侵略军为了一口吃掉抗日力量，对华北根据地施行了残酷的“铁壁合围”，许多老百姓惨遭杀害。后来，在八路军前方总部的指挥下，经过广大军民的同心协力、艰苦奋斗、奋勇抗敌，最终粉碎了敌人的“铁壁合围”。反“扫荡”结束之后，干部战士都在认真总结经验教训，夏纳亲自参加了两次反“扫荡”的激烈战斗，对学习军事知识产生了兴趣，于是，便琢磨研究一番，写出了这篇论文。

1939年10月，朱德、彭德怀率总部机关由砖壁村移驻王家峪

彭德怀看完文章后，对夏纳进行了适时的指导和鼓励。他说：“小夏，你这样做是很对的。实践出真知。一个青年应该好好研究点实际问题，尤其是敌人使用的那些战术，非常值得我们认真研究。知己知彼，百战百胜嘛。不过，你写的这篇文章还存在某些片面性。你只从表面上说了一下敌人战术上的一些形式，没有从本质上明确指出敌人‘铁壁合围’战术的特点和弱点。如果能够就如何打破‘铁壁合围’战术做进一步的研究，这篇文章就会生动有力、有理有据，说得让人心服口服，产生一定的教育意义。”

彭德怀从桌子上拿起那篇文章看了几眼，又说：“另外，文章的题目也有点大，不够贴切。重新换一个标题吧。”说罢，他摸出钢笔，在原标题上边端端正正地写下了“关于‘铁壁合围’战术的研究”几个大字。

彭德怀走后，夏纳对彭德怀的话进行了反复思考，将那篇文章做了认真的修改，又拿给彭德怀过目。

彭德怀看后，感到很满意，并且适当地对年轻人夸奖了几句。这样，夏纳从实际工作和实战中学习研究军事知识的劲头就更大了。不久，这篇文章就在八路军总部创办的《前线》杂志上发表了。

彭总的"图书馆"

1941年前后，八路军前方总部驻扎在距辽县（今左权县）城南四十千米的武军寺村。彭德怀提出，为了适应形势发展的需要，要加强总部机关的学习，使大家变成有文化的军人。他说："没有文化的军队是愚蠢的军队，同日本侵略军作战、搞好革命工作，没有文化都是不行的。"

在彭德怀的影响下，总部机关的学习搞得有声有色。白天，山岭上、小河旁、树底下，到处都有人在学习；晚上，油灯下，甚至月光下也成了大家学习的地方。

彭德怀还经常向大家介绍学习方法，要大家努力提高写作水平。有一次，他说："我看过《红楼梦》《水浒传》和《聊斋志异》，这些书写得好呀！不愧是名著精品。过去能写出这样好的作品，现在就更应写出好作品来。写文章一定要接触实际。毛主席写东西，事先都是经过调查研究，深入了解实际情况的。他有正确的指导思想，又有丰富的斗争经验，所以能写出好文章来。毛主席在长征路上行军指挥作战的情况下，总是在思考问题，有时就在膝盖上或马背上写东西，我们现在的条件比那个时候好多了！因此，必须加倍努力学习，争取写出好东西来。"

彭德怀读的书很多，除了马列和毛泽东的著作外，还有《鲁迅全集》等许多其他类书籍。这些书都摆在他的房子里，除自己阅读外，还借给机关干部阅读。他对大家说："我的书就摆在那里，你们可以借着看。但你们看后一定要还给我。"

无论谁向彭德怀借书，他都表示欢迎，问他们喜欢看什么类型的书，并帮助借书的同志一起找书。

有时，为了检查借书的人是否认真读书了，彭德怀还会使个小"诡计"，事先用小饭粒把任意几张页码轻轻粘连起来。当借书者还书时，他就检查那几页粘连部分，当看到那几页纸分开了，就会高兴地说："看来你从头到尾都看过了。很好！很好！"

有时，同志们还书时，彭德怀还会当面就书的内容测试他们，请他们解释书中的成语典故，回答书中讲的一些重要问题。对方若能够答上来，彭德怀就会绽放笑容，连声说："好！好！没白学。"若是答不上来，他就要批评几句，但最后还是要鼓励对方认真学习。

（本文选自中国共产党新闻网）

钟赤兵——独腿走完长征路

文 / 张晓祺

钟赤兵

在共和国的开国将领中，有一位极富传奇色彩的独腿将军，他骁勇善战，屡建奇功，毛泽东曾亲自为他颁发红星奖章。他就是凭着顽强的毅力以残缺之躯走完长征路的钟赤兵。1935年2月，红三军团所属各师整编为四个团，二十一岁的钟赤兵由原五师政委改任十二团政委。在指挥夺取娄山关的战斗中，钟赤兵的右小腿被子弹击穿，血流如注，但他拖着伤腿坚持指挥，直至昏迷。

红军第二次占领遵义后，钟赤兵被送到野战医院。医生经过仔细检查后，决定立即实施截肢手术。当时的医疗条件极其简陋，没有麻药，医生就用绷带把钟赤兵绑在门板上，手术工具是一把老百姓砍柴用的刀和一条断成半截的木匠锯。手术中，木匠锯上下拉动，发出刺耳的响声，钟赤兵忍着如万箭穿心的剧痛，始终没哼一声。在场的医生、护士都被他坚强的意志感动，年仅十五岁的小护士马湘花抽泣着说："我从没见过这样的场面。"

因手术时没有消毒药品，几天后钟赤兵的伤口感染了，高烧持续不退。为把他从死神手里拉回来，医生决定进行

1937 年 5 月，钟赤兵（后排左三）和张震（中排左三）、苏振华（中排左四）、赖毅（前排右二）等战友在抗大

第二次截肢手术，把右腿膝盖以下全部截去。不料，术后伤口仍继续感染，医生不得不硬着心肠，将他的整条右腿从股骨根部截去。

此时，部队又将踏上长征路。是让钟赤兵留在当地老百姓家里养伤，还是让他继续参加长征，组织上举棋不定。钟赤兵对前来看望他的毛泽东、周恩来、彭德怀说："就是爬，我也要跟上部队。无论如何，我都不离开红军。"毛泽东当即表示："钟赤兵很能打仗，是有战功的，怎么能把他丢下不管呢？就是抬也要把他抬着北上！"就这样，钟赤兵被安排到干部休养连，拖着一条腿随中央直属部队行军。

1935 年 8 月，钟赤兵所在的干部休养连由川西北黑水芦花出发，在粮食匮乏、没有油盐吃、衣服单薄的艰难条件下，爬雪山，过草地。起初，走平路时战友们用担架抬着他走；遇到悬崖峭壁，担架抬不过去，他就自己拄着双拐前进。每迈动一步，伤口便剧烈地疼痛，有时实在难以拄拐杖通过，他就在地上爬着走。后来，当伤口稍有好转时，他就让战友把他绑在马上行军。

部队进入彝族、藏族聚居区后，当地反动武装不断打冷枪袭击红军，部队不得不尽量隐蔽、疏散行军。钟赤兵为缩小行动目标，坚决不躺担架，硬是咬着牙坚持一个人拄着双拐一瘸一跛地走。钟赤兵的警卫员曾回忆说："钟政委过雪山时没让人抬，他自己一点一点慢慢爬，经常从高处滚下来。"就这样，钟赤兵凭着坚定的信念和顽强的意志，克服了常人难以忍受的艰难困苦，最终到达了陕北。

（本文选自《解放军报》）

1960 年冬，钟赤兵（左一）与李天佑相聚在广州

喋血赤山

——抗日区长陶家齐

文 / 孙月红

1943 年 11 月，日伪统治下的南京已是寒意渐浓，万物萧瑟。

12 日傍晚，江宁湖熟地区寂静如死，如血的残阳正一点一点地落入西边的山林，山谷中的阴风带着浓重的血腥气味，一阵又一阵地吹来。此刻，山路上走来一对被反绑着手的中年夫妇，后面是一群押解着他们的日本兵。男的是江宁县抗日民主政府赤山区区长陶家齐，女的则是他的夫人朱维珍。他们是这一年的中秋节被捕的。陶家齐夫妇踩着枯死的树叶蹒跚地往山上走着，突然，朱维珍被脚下的一块石子绊了一下，一个趔趄跌倒在地。陶家齐紧走一步本能地想上前扶住夫人，可他的双手被紧紧地反绑在身后，动弹不得。身后押解的日本兵大声地呵斥着："快走，快走。"日本翻译粗暴地将朱维珍拉了起来。

陶家齐夫妇被带到了江宁湖熟镇城岗头山上。陶家齐的双眼深情而怜悯地望着山下自己家的方向和被日本兵赶来观看的父老乡亲，他知道这是自己最后一眼看家乡了，他似乎想把家乡的最后印象复制在脑子里，带向另一个世界。朱维珍看着陶家齐，耳语般地说："不知小儿和寿他……"话没说完，一个日本兵举起长刀向她劈了下去。朱维珍一声惨叫，鲜血喷溅到陶家齐的脸上、身上，陶家齐闭上了眼睛，泪水瞬间从紧闭的双眼中流了出来。山冈上一声又一声地回荡着朱维珍"啊——啊——"的凄鸣声，乡亲们捂着脸不忍观看，哭声一片。另一个日本兵走近陶家齐，问："陶先生，你还有什么话要说吗？"陶家齐猛然睁开了眼睛，暴怒的双眼已经突出眼眶，一口带血的唾液射向日本兵的脸上。那个劈死朱维珍的日本兵猛地奔过来举起大刀，陶家齐无声地倒在了他热爱的家乡的土地上。

陶家齐（1890 年—1943 年），又名

淞沪抗战中十九路军沉着应战

陶寄尘，南京江宁湖熟镇（现江宁区湖熟街道）人。他出生在一个商人家庭，幼读私塾，成年后做过学徒也当过兵。1932 年淞沪抗战发生时，陶家齐正在上海，捍卫民族的爱国心使他义无反顾地参加了十九路军抗击日军，在军中做文书工作。一次战斗中，日军的炮弹在他的身边爆炸，他的耳朵从此听不见了。此后，经过努力，他练就了能从别人的口型中“听”出声音的本领，准确无误。后来，人们就称他为“陶聋子”，以至于他的本名“陶家齐”反倒被人们遗忘了。

淞沪抗战后，陶家齐因耳聋回到了家乡，在湖熟燕丹乡（今燕窝、樊家一带）政府做文书，后又当上了国民党的乡长，成为湖熟地区有名的士绅。

1937 年 12 月 13 日，侵华日军攻占了江宁的交通要道和主要集镇，日本兵在县内大肆杀戮，遭日军残杀的无辜百姓达一千一百二十多人。江宁沦陷后，日军在湖熟镇的梁台、西洋湖（今西洋墟）等几个重要乡镇设置了据点，各驻有一个中队的日伪军，疯狂掠夺百姓财产，烧毁商店民房。

攻陷江宁后，日军立即从东、南、西三面攻击南京城。南京沦陷后，震惊中外的南京大屠杀使南京成了一座血城。在江宁居住的陶家齐眼见国破家危、生灵涂炭，寝不安席，食不甘味。他对日军的兽性暴行、汉奸叛徒的奴性切齿痛恨，在日记中愤怒地记下了日军的这些暴行。面对山河破碎、人民苦难的危局，他找不到出路，陷入深深的困惑和痛苦中。

1938 年夏，新四军第一支队东进来到江宁，使陶家齐看到了希望。

江宁与南京城唇齿相依，从东、南、西三面环绕南京城区，美丽的秦淮河穿境交汇此地。在整个南京地区，江宁有着重要的战略地位，是历代兵家必争之地。南京沦陷后，达官显贵纷纷出逃，留下的散兵游勇、汉奸特务、土匪帮派，各自为政独霸一方。日伪军又到处设有据点。新四军进入江宁后，只能在远离敌人据点的地方穿插活动，要想在敌人卧榻之旁和中枢要地扎下根，没有当地群众和爱国志士的支持协助，是不可能做到的。第一支队进入江宁地区后，分析了江宁地区的复杂环境，认为一定要贯彻国共合作方针，执行抗日民族统一战线政策，团结各界爱国同胞，与这些进步同胞同舟共济才能站稳脚跟，打开抗战局面。

此时的陶家齐拒绝了日伪维持会、绥靖队的拉拢，靠变卖家产、字画维系着一大家的生计。他虽年近五十，但当年的抗日激情仍时常在他的胸中沸腾。正当他苦寻报国之门时，新四军找上门来了。

1938 年秋天的一个晴朗下午，陶家齐家里来了一位叫胡剑松的陌生人，这个戴眼镜穿长衫的年轻人热情地提出要跟陶家齐交朋友。由于当时江宁的情形非常复杂，各种势力帮派都有意要拉陶家齐入伙，陶家齐一向很警觉。当这位陌生朋友道出自己的来意并推心置腹与陶家齐交谈后，陶家齐终于明白了，他是新四军派来的，上门想让他出来协助新四军工作。

原来，新四军支队领导一到江宁，就了解到湖熟有位陶乡长是主张抗日的爱国绅士，有他协助，在江宁的新四军一定能更猛烈地打击日军，把抗日活动做得更好，便派了胡剑松上门，动员陶家齐出来与新四军一起抗日。陶家齐毅然答应下来，并且主动要求承担新四军的情报任务。

陶家齐接受新四军的任务后，首先派人叫回正在上海当学徒的十五岁的大儿子陶和庆，动员他参加新四军，他又动员侄儿潘泽松与他一起参加抗日活动，还发动了严必昌、戴如高、陈德显等五六个爱国青年，组织情报站，为新四军提供情报。为此，新四军一支队一团团长傅秋涛特意书面委任陶家齐为情报站主任。他们秘密为新四军探送情报，动员民工配合新四军破坏湖熟到淳化间的桥梁、公路，惩治那些为虎作伥的汉奸。有一次，他们抓到了汉奸戴步成，把他私藏的一千多公斤钢丝等军用物资用小船、土车运出来，送给了新四军。

为了在那个乱世存身，为新四军及时搜集到准确有用的情报，陶家齐拜了南京安清帮“大字班”头目宋汉文为“老头子”，自己也广收门徒。陶家齐虽然耳聋听不见，可他所收的安清帮门徒耳目众多，消息灵通，湖熟地区日伪的一举一动，他大都能掌握并及时通报给新四军。他还利用帮会关系，把策反工

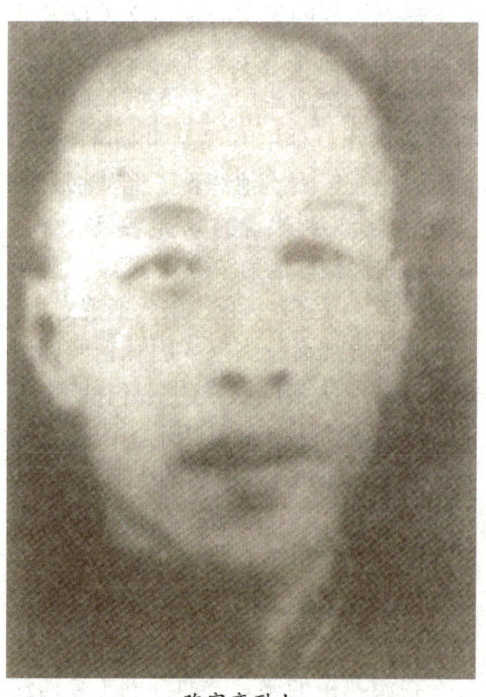

陶家齐烈士

作做到日伪内部。梁台日军据点侦缉队长蔡忠宏，就是通过严必昌拜陶家齐为“先生”，陶家齐把他教育争取了过来，后来经常为新四军提供有用情报，成为一名抗日战士。

经过一年多和新四军首长、战士们相处，陶家齐对新四军更加了解，对共产党的统一战线政策更加信服。当时，二支队司令部短枪班和侦察班的战士经常出入陶家，陶家齐待这些子弟兵亲如家人，他的夫人朱维珍也经常拿些食物给出征的战士，战士们也会带一些战利品送给陶家。一次，一个新四军连长负了伤，陶家齐留他在家疗养。陶家齐粗通医道，亲自开药方为伤员治疗调理，夫人朱维珍则精心护理照料，终于使这位连长伤愈归队。

1938年10月，日军占领湖熟，为了陶家齐的安全和有利于开展工作，新四军老四团团长张道庸（陶勇）在一次攻打湖熟的战斗中，把陶家齐转移到句容县郭庄庙附近的汤巷陶家村。陶家齐虽远离湖熟，但他仍通过情报骨干和帮会关系在湖熟一带从事情报搜集工作。

1940年初夏，新四军在江宁地区打了一场著名的赤山战斗，这场战斗的胜利便与陶家齐及时送出的情报密不可分。

1940年5月13日，新四军第二支队副司令员廖海涛接到陶家齐发来的情报，内容是：“获悉由南京开到湖熟的日本侵略军南浦旅团岗本联队的一个加强中队，由其中队长吉田带领，妄图‘围剿’三岔地区的军民，组织维持会，建立伪政权。”

廖海涛看罢情报，略做思考后，对部下说：“我们要在赤山脚下打一场漂亮的伏击战。”

廖海涛

赤山原名峰山，这里地形比较复杂，山虽不高，但谷峰交错，便于部队隐匿。赤山附近的群众抗日热情高，在这里伏击很有把握打败日军。但赤山距湖熟镇仅七公里多，离南京城也只有三十五公里，日伪军经常在此出没，这是不利条件。廖海涛分析情况后，侦察员传来报告，日军次日要到三岔镇“扫荡”。来得正好！廖海涛决定亲自指挥这场伏击战，他派特务连和新四团一部去赤山附近的窦家边埋伏。第二天上午9时许，一队日军从湖熟据点出动沿着秦淮河堤向三岔镇方向前行。10时许，日军进入伏击区。随着一声令下，赤山四周顿时伏兵四起，这一仗打得日军措手不及。新四军毙敌一百三十余人，除缴获了许多枪支弹药外，还缴获了一门九二步兵炮。这门九二步兵炮是江南新四军缴获的第

一门大炮。对于打游击战的新四军来说，大炮不好运输是个累赘。于是只好把大炮拆卸了机件，转交给陶家齐让其设法处理。陶家齐当即派人把大炮拖到汤巷陶家村，秘密埋藏在自己家的院子里。

这场赤山战斗，大大鼓舞了江南军民的抗日信心，挫败了骄横跋扈的日军斗志。为此，廖海涛即兴赋诗一首《赤山大捷》：

坚持江南抗敌军，日军惊乎胆寒心；
赤山之战缴敌炮，茅山烽火震南京。

陈毅得悉此胜后，立即去电祝贺，同时指出要“警惕敌人进行报复”。果不出他所料，事后，日军调集大批日伪军前来“围剿”，但新四军已经安全转移。不甘心的日军四处张贴布告，悬赏追查大炮下落，又在赤山一带大肆搜捕。1941 年 1 月春节晚上，慈山台伪自卫团团长徐茂龙亲自带人在汤巷把正在吃年夜饭的陶家齐和其侄儿抓走。几天后，陶家通过安清帮头目宋汉文的帮会关系把陶家齐保释出来，但那门九二步兵炮

陈 毅

已被伪军挖走，向日军报功去了。因为此事，陶家齐心有不安，当时驻江宁的新四军十六旅代政委钟国楚安慰他说：“拿去就拿去吧，这炮对我们已没有用处了，敌人拿去也不能用了。”陶家齐这才释然。

这次被捕，陶家齐虽没有暴露真实身份，但他在当地的影响和声望，却引起了日军的注意。出狱不久，日军便派人来劝诱陶家齐到渡桂去成立伪自卫团。陶家齐去找钟国楚商量。钟国楚认为渡桂是个交通要道，把渡桂抓在自己手里，对抗日大有好处，于是建议陶家齐利用这一合法身份为新四军工作。陶家齐欣然接受了钟国楚的提议，并派长子陶和庆与抗日民主政府密切联系。十六旅派了参谋黄一南参加伪自卫团的筹建。

渡桂伪自卫团成立后，国民党忠义救国军立即派人来拉拢陶家齐。陶家齐在淞沪抗战时曾参加过国民党十九路军，这使他左右为难。处于日军、新四军、国民党三方势力中的陶家齐，究竟选择哪条道路？陶家齐的内心也一度矛盾过、斗争过。他把长子陶和庆叫回来商量。在龙都的大圩埂上，陶家齐深情地对儿子说：“我年纪大了，现在日本人、国民党忠义救国军、共产党新四军三方都要我去做事，坚决抗日是原则，决不能当汉奸，忠义救国军虽是国民党的，但他们不讲礼、不体贴人，只有共产党新四军是坚决抗日的，最关心人、能体谅人的苦衷，我们不能做任何对不起国家和人民的事，决定跟新四军干到底了。”陶和庆同意父亲的看法，并说：“和新四军相处时间长了，他们与人平等和气，大家彼此信得过。不像敌伪人员常是大鱼吃小鱼争权夺利，决不能跟忠义救

国军。”

坚定了跟新四军走的方向后，日军与忠义救国军不断地来找麻烦，陶家齐陷入了艰难的处境。

就在此时，即1942年6月，钟国楚、黄玉庭在龙都圩会见了陶家齐，任命他为江宁县抗日民主政府赤山区区长。从此，陶家齐以抗日民主政府赤山区区长的公开身份进行抗日活动。由于当地群众对他熟悉、信任，赤山一带的抗日活动更加活跃。

湖熟日伪军对陶家齐恨之入骨，时时想寻找机会除掉他。钟国楚和时任江宁县抗日民主政府县长的王一凡等都十分关心陶家齐的安全，经常告诫他远离湖熟地区，少在敌人据点附近露面，但陶家齐很自信，他说：“不要紧，我的耳目多，情报快，吃不了亏的。”陶家齐确实消息很灵，一有什么风吹草动，马上就会有人给他送信，但王一凡还是不放心，坚持要他离开这里，陶家齐只好说：“对，对，听县长的。”实际上他转移的圈子很小，绕来绕去还是在林家庄附近。

陶家齐的这一麻痹大意埋下了祸根。

1943年农历八月十五日中秋节，月朗星稀，陶家齐带着几名游击队员路过林家庄时，适逢小儿陶和寿过周岁，便在家中停住一夜。不料，当地汉奸尹延福和尹士富父子俩发现了陶家齐，立即向敌人告密（尹延福是酒店老板，后被镇压，尹士富被判刑后释放）。湖熟梁台日军、伪警察和便衣侦缉队立即前去搜捕。敌人为了避开湖熟内部陶家齐的情报人员，特绕道到新昌桥，从水路包围了林家庄。林家庄四面环水，当晚有九人在林家庄陶家过夜。后来陶家齐的长子陶和庆回忆：那夜入睡时心里十分烦躁，总听到村里村外的狗叫声，睡不多久便起来看一次，半小时后感觉还是不对劲，即起床叫醒警卫员许海清和他一起到外面察看，刚到门外，走在前面的许海清看到了日本兵，他回头对我说：有日本鬼子。我转身回头，大喊一声“快跑”，想喊醒家人，但已经迟了，敌人从水面围了过来，我凭着天黑路熟，从陆路绕道脱了险。许海清会游泳，一头奔向河边准备从水路脱身，不料被埋伏在河边的敌人抓住了。

敌人冲进屋，逮捕了陶家齐夫妇及通信员尹贵生、情报员戴如高。在全村搜捕陶和庆的同时又放火烧了陶家。陶家齐看见敌人在抓捕小通信员，就高声说：“他是一个放牛的，逮他有什么用，我们不都来了吗。”敌人才把小通信员放了。

小通信员在奔跑中听到有小孩哭声，就立即冲进火场中抱起小孩，放进一只小木盆，将盆推入河中，这个得救的孩子就是陶家齐刚刚满周岁的幼子陶和寿。

与陶家齐同时被捕的四十六团警卫员许海清、十六旅谍报员戴如高、区大队通信员尹贵生三人在解往溧水的路上即被杀害。陶家齐夫妇被押到日军溧水总部，备受折磨。但他们坚贞不屈，誓不招供，决不投降。抗日政府多方设法营救，始终未果。陶家齐知道自己活不了几天了，唯一让他放心不下的是小儿子陶和寿，便托人带出一张字条给长子陶和庆，字条的内容是：“和庆，我今天要解到湖熟去杀，现时我言泪俱无。望照看好小儿。”

（本文选自中国共产党新闻网）

我的战友邱少云

文 / 李元兴

邱少云

敌人控制的三九一高地，像一颗毒牙，楔入我们志愿军的阵地。我们准备在黄昏时分发动突然袭击，拔掉这颗毒牙，把战线往南推移。

那一天，天还没亮，我们悄悄摸进三九一高地下面的山坳，潜伏在一条比较隐蔽的山沟里。太阳渐渐爬上山头。我发现前面六十多米的地方就是敌人的前沿阵地，不但可以看见铁丝网和胸墙，还可以看见地堡和火力点，甚至连敌人讲话都听得见。敌人居高临下，当然更容易发现我们。我们趴在地上必须一动不动，咳嗽一声或者蜷一下腿，都可能被敌人发觉。我看了一下前面，班长和几个战士伏在枯黄的茅草丛里。他们身上披着厚厚的茅草作伪装，猛一看去，很难发现他们。我又看了看伏在我身边不远的邱少云。他也全身伪装，隐蔽得更好，相隔这么近，我几乎找不到他。

我们的炮兵不断地轰击敌人的阵地，山顶上腾起一团一团的青烟。敌人前沿的地堡一个接一个被掀翻了。看着这种情景，我只盼望天快点黑，好痛痛快快地打一仗。

到了中午，敌人突然打起炮来，炮弹一排又一排，在我们附近爆炸。显然，敌人已经感觉到他们的前沿阵地不太安全了，可是没有胆量冒着我军的炮火出来搜索，只好把看家的本领——“火力警戒”拿出来了。

排炮过后，敌人竟使用了燃烧弹，我们附近的荒草着火了。火苗子呼呼地

邱少云烈士使用的冲锋枪

蔓延，烧得枯黄的茅草毕毕剥剥地响。我忽然闻到一股浓重的棉布焦味，扭转头一看：哎呀，火烧到邱少云身上了！他的棉衣已经烧着，火苗趁风势乱窜，一团烈火把他整个身子包住了。

这时候，邱少云只要从火里跳出来，就地打几个滚，就可以把身上的火扑灭。我趴在他的附近，只要跳过去扯掉他的棉衣，也能救出自己的战友。但是这样一来，我们就会被山头的敌人发现，我们整个班，我们身后的整个潜伏部队，都会受到重大的损失，这一次的作战计划就全部落空了。

我的心绷得紧紧的。这怎么忍受得了呢？我担心这位年轻的战士会突然跳起来，或者突然叫起来。我不敢朝他那儿看，不忍眼巴巴地看着我的战友被活活烧死。但是我忍不住看，我盼望着出现什么奇迹——火突然间熄灭。我的心像刀绞一般，泪水模糊了我的眼睛。

为了整个班，为了整个潜伏部队，为了这次战斗的胜利，邱少云像千斤巨石一般，趴在火堆里一动也不动。烈火在他身上烧了半个多钟头才渐渐地熄灭。这位伟大的战士，直到最后一息，也没动一寸地方，没发出一声呻吟。黄昏时候，漫山遍野响起了激动人心的口号：“为邱少云同志报仇！”我们怀着满腔怒火，勇猛地冲上三九一高地。敌人全部被我们歼灭了。看看时间，从发起冲锋到战斗结束，才二十分钟。

我永远忘不了那一天——1952 年 10 月 12 日。

（本文选自中国共青团网站）

邱少云纪念碑

硝烟散去

文/丁　宁

抗战十四年，惨烈、悲壮，更是英雄辈出！其中一人，被历史的风尘埋没了很久，他仍然那么年轻、英武，那么壮怀激烈。他的名字叫邹琳。

1941年深秋，我到一个连队去教歌。在村口迎接我的，是一位腰间插着手枪的青年军人，他就是邹琳。全连的战士，早已集合在打谷场上，我教他们唱《在太行山上》。

中午，在连部吃过饭，正想在老乡家里休息片刻，邹琳进来了，说他和战士们感激我教给他们新歌，问我有没有印好的歌片，他会简谱，也喜欢唱歌。

我立刻从书包里拿出几页新印的歌片，是苏联歌曲《红莓花儿开》等。他接过去，一面看谱，一面唱起来，歌声浑厚、柔和，十分动人。

下午，他们备了一匹马，邹琳亲自送我回到驻地。

从此，只要他们的部队不转移，或离我们驻地较近，邹琳便抽空到我们剧团，借书、借歌本。

他只有十八岁，却已饱经战火。我曾多次请他讲讲他经历过的战斗故事，他总是不讲自己，只讲别人。我从别人那里听说，他打仗十分英勇。一次，他所在的青年连趁黑夜突袭一个日军据点，他们把十几个敌人包围在一间农舍，日军用机枪堵门，猛烈扫射。邹琳灵机一动，飞身跳上屋脊，正欲扒开一个洞，往屋里投集束手榴弹。不料，年久失修的屋顶轰然塌下，邹琳不歪不斜正巧落在做饭的铁锅里，瓦片、朽木砸得日军哇哇直叫，满屋灰尘滚滚，分不清敌我，机枪也哑了。敌人正想向外逃窜，邹琳用日语大喊一声：“站住，别动！”日军

一下被镇住，邹琳趁他们惊魂未定，挥舞大刀，一连砍死五个敌人，我们的战士趁势一拥而进，把日军全部消灭了。这一仗打得十分漂亮。

我问邹琳，你一声大叫，那么大威力，敌人竟乖乖地不动？他说：“大约鬼子在慌乱中误以为是他们长官的命令。”

我心想，像他这样文质彬彬的人，竟一连砍死五个敌人而手不软，便问他：“哪来那么大的力量？”他斩钉截铁地说：“仇恨！”

邹琳还曾扮作商人，潜入敌穴，机智巧妙地多次完成重要的侦察任务。

此后，有一年多的时间不知邹琳的消息。这时我已从剧团调到战士女子中学任教员，那正是1942年冬，日军大“扫荡”前夕。一天中午，邹琳忽然风尘仆仆地闯到我住的老乡家里。我问他：“这么长时间，藏在哪儿？”他幽默地回答：“藏在一个安乐窝里。”原来，他在一次战斗中，身负重伤，在后方医院养了几个月。我问他伤在哪儿？他指指自己的肺部：“这儿，敌人给我留下一个很好的纪念——一颗没有取出的子弹。”

临走时，他送给我一支小小的“勃朗宁”手枪，说是他在这次负伤的战斗中缴获的，可留作纪念。并说，他们的部队将有大仗要打，今后能否再见，难以预料。我送他到村头的河边，他满面洋溢胜利的喜悦，却轻轻吟咏：“风萧萧兮易水寒，壮士一去兮不复还。”

再见邹琳，抗战已经胜利。那时，我在胶东文协工作。一日，邹琳又像从天而降，英姿飒爽，像一个凯旋的英雄。

一见面，我就说，抗战结束了，你终于离开了战场。他却指指自己一身戎装（这时他已是营教导员），又指指天空：“你看，硝烟还未散，敌人灭我之心未死，作为革命军人，我仍然随时准备上战场。”

严酷的战争，又是几年，硝烟终于散去，我们的中华人民共和国在举国欢腾中诞生了。可是，邹琳却牺牲在战场，永不再回来。他没有等到我们的胜利，没有看到新中国，也没看到他曾经憧憬的碧蓝碧蓝的天！

在纪念抗战胜利60周年的日子里，邹琳的音容笑貌又在我的眼前闪现——安息吧，我的好战友！

（本文选自《解放军报》）

蹇先佛的长征传奇

文 / 梁喜奎

蹇先佛和她的姐姐蹇先任被称为长征路上的姊妹花，姐姐嫁给了贺龙，她嫁给了萧克，她的哥哥和弟弟先后为中国人民的解放事业献出了生命，而她和姐姐都是背着孩子走完长征路的。

一腔热血　投奔红军

1915 年 6 月，蹇先佛出生在湖南慈利一个商人家庭。1926 年，还在长沙读中学的姐姐蹇先任在哥哥蹇先为的影响下参加了共青团，之后又加入中国共产党。不久，蒋介石叛变革命，湖南军阀许克祥发动马日事变，国民党残酷屠杀共产党人，白色恐怖笼罩中华大地。被反动当局通缉的哥哥蹇先为和姐姐蹇先任于 1928 年相继来到湘鄂边区，参加了由贺龙领导的工农红军。日本占领东三省后，蹇先佛正在长沙女子师范学校读书，一腔热血的她再也不能安于学校的生活了，于是也萌生出参加革命的强烈愿望。开明的父亲知道女儿的性格，对她说："你要想去抗日，就去当红军吧。" 1934 年 12 月，红二、六军团打游击到湖南常德一带，而后占领慈利，这时，早想投身革命的蹇先佛参加了红军。

蹇先佛

蹇先佛参加红军时，革命正处于低潮，她的哥哥蹇先为已经牺牲了，大她七岁的蹇先任已经和贺龙结为夫妻。和蹇先佛一起参加红军的还有她十六岁的小弟蹇先超。蹇先佛兄妹六人中，有四人冒着杀头的危险先后从军，投身革命。

她引起了军团长的注意

由于才华出众，能写善画，于是刷标语、刻蜡版、画宣传画，参加红军后的蹇先佛发挥自己的特长，被留在红军宣传队当宣传员。

多才多艺，长得又漂亮的蹇先佛在几乎清一色的男人中间格外显眼。要打仗，就要扩大红军的力量，有资料说，她的演说声情并茂，经她站在台上一宣讲，常常可以动员许多人参加红军。对俘虏的敌方士兵，她也很有耐心地向他们宣传红军的政策规定，不厌其烦地做工作。她对俘虏说："现在你们不要怕，红军是很有纪律的，不搜腰包，不拿你们的任何东西……你们都是穷弟兄出身，你们当兵也不是自愿的，你们是被国民党抓壮丁抓去当兵的，你们都是受苦人，现在有愿意留下来当红军的我们欢迎，要是有想回家去的，我们就发给你们路费。"经她这么一讲，多数人都愿意留下来。

在如火如荼的革命浪潮中，年轻漂亮、工作出众的蹇先佛引起了一个人的注意，这个人就是红六军团的军团长萧克。在红军开始长征前，蹇先佛在根据地省革命委员会工作，当时红军队伍在湖南大庸，作为红六军团军团长的萧克，经常去调查了解情况。

萧克既是一个红军领导者，又是一个有知识、有文化的人。他到地方了解情况时，也愿意接触那些和他一样有知识、有文化的人。那时，萧克让蹇先佛讲当地的情况，说说国民党不抗战、令群众不满意的事等，蹇先佛都能一一道来。萧克感到这个女青年讲得很在理，于是，他们边说边聊，慢慢地萧克觉得他的思想与蹇先佛越来越近了。

在与萧克的接触中，蹇先佛也感到这个人与别人不一样。采访中，她对笔者说："萧克同那些工农出身的指挥员不一样，他们开口很凶啊，而萧克他不训人，平易近人，很容易接触，他不仅仅对我本人，对其他年轻红军也一样，同什么人都能谈得来。"就这样，互有好感的两个人在革命的战斗岁月中，迸发出爱情的火花，经由任弼时和陈琮英夫妇俩穿针引线，1935 年 6 月，蹇先佛和萧克在湖南大庸结为终身伴侣，共同的革命理想和坚定的信念使他们永远地走在了一起。

萧克和夫人蹇先佛

艰难长征路

1935 年 10 月，国民党军队一百三十多个团对湘鄂川黔根据地发动了新的"围剿"，形势十分严峻。为了摆脱敌人的包围，保存有生力量，当时，他们已接到中共中央关于建立抗日统一战线的指示，因此决定高举抗日大旗北上抗日。1935 年 11 月 19 日，红二、六军团分别从湖南桑植刘家坪和瑞塔铺出发，退出湘鄂川黔革命根据地，实施战略转移。蹇先佛和部队一起，踏上了漫漫长征路。

当时，他们想的就是巩固根据地，扩大根据地，北上抗日，解放全中国，并没有想到要去长征，他们也不知道长征是怎么回事。但是国民党不让红军在湘鄂川黔根据地干革命，他们便不得不突围出来。那时大马路是国民党走的，山沟小道是红军走的，一路上，红军还经常遭到国民党军队的围追堵截和飞机轰炸。当时，红二、六军团的女红军也只有十几个人，她们没有梳妆打扮，和男人们穿同样的衣服，唯一不同的就是比男人们多了一把梳子。长征中，像她们这些信仰马克思主义的女人，失去了女人应有的爱美的属性。但是，红军的队伍对女红军还是有些特殊照顾的，比如政治部的收容队会让走不动的女红军休息一会儿，坐一阵子，再跟上队伍走。而蹇先佛从不休息，她有一种不怕疲劳、不怕吃苦的顽强精神，她觉得男同志能办到的，她也能办到，她要同最好的红军战士比。长征路上，全体红军战士始终保持着顽强的革命乐观主义态度，不管艰难困苦，不管雨雪风霜，打了胜仗就笑嘻嘻乐呵呵地走，总是想着向前，向前……红军一定要胜利，红军一定能胜利！

要抗日必须北上，但北面是天险长江，横断了去路，敌人又重兵把守，去不得。怎么办？红二、六军团采用声东击西的战略战术，来了个大迂回，先向西再向北。他们出其不意，首先突破了澧水、沅江，然后又横跨资水、沅江，一下子打破了敌人北面围歼红二、六军团的总部署。这一突围行动堪称是红二、六军团的“得意之笔”，胜利实现了突破敌人封锁线战略计划的第一步。

过了沅江后，红二、六军团折回东南，直向湘中。所经过的地区都是国民党统治区，但他们还来不及布防，因此红军如入无人之地，雄赳赳、气昂昂地走在山路上，红旗猎猎，军号嘹亮，一派威武雄壮的气势。

蹇先佛回忆说：在长征途中，他们还遇到了这样一件事。有一天黑夜，部队到达贵州西部后，他们走得很累，都感到很疲劳，部队决定就地休息。可周围都是大山，天黑得伸手不见五指，山上也没有路。这时，在他们队伍的旁边有人也在休息，他们也没有问这些人是谁，就糊里糊涂地睡着了。而旁边的那些人恰恰就是追赶红军队伍的国民党兵，敌人也走累了，疲劳得很，就在那里睡

蹇先任、蹇先佛两姐妹20世纪30年代的合影

蹇先任、蹇先佛姐妹合影

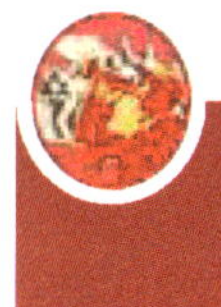

着了，相互之间谁也不知道谁。等睡到天亮，国民党的队伍醒来，看到旁边这些人身上有红军的标志，吓了一跳。因为国民党军对红军也不摸底，这些红军到底有多少人他们也不知道，对他们来说红军就像个谜，红军又是常常打胜仗的，所以国民党军被吓得撒腿就跑。敌人这一跑，就把红军给惊动了，醒来一看，这里竟有国民党的队伍，就立即追赶，很快就把国民党军全部缴械了。

长征途中的孩子

漫漫长征路上，红军战士所经历的艰辛，是我们这代人很难理解和想象的。征途中，上有敌人的飞机轰炸，下有国民党军的围追堵截，爬雪山、过草地，风餐露宿，一路征战。但长征路上的这些困难，在蹇先佛她们眼里，根本就不叫困难，她们最害怕的困难是在长征路上生孩子、带孩子。红军战士饱受着饥寒交迫和疾病伤痛的困扰。由于缺医少药、没吃没喝，有些孩子生下来以后找块布裹好，写上一张条子，放上一些钱，说是红军留下的后代，就让当地老百姓抱走收养了。

早在部队出发前二十几天，蹇先任和贺龙的第二个孩子贺捷生出生了，尚未满月的小捷生没有被留给老乡，而是在母亲的怀里踏上了漫漫长征路，和大人们一起经历了无数次生死考验。而蹇先佛也是带着身孕开始长征的，并在长征路上生下了她和萧克的第一个孩子。这个孩子是在长征途中一个被称为“死亡陷阱”的草地上出生的。天苍苍，野茫茫，四周无遮无挡，那是连一棵树都没有的荒原，更没有一处供产妇平安分娩的土屋和帐篷。这时，正好草地里有个土围子，是藏族牧民夏季转场后遗弃的废墟，原地上留有几垛断壁，萧克让警卫员就近挖了些草皮，用草皮垒起来的土堡作为产妇的产房。在姐姐蹇先任的帮助下，蹇先佛顺利地将孩子生了下来，而后，姐姐帮她将孩子包裹好，简单吃了点青稞，又骑上马跟随队伍长途跋涉。开始时还能把孩子抱在怀里，待孩子大一点后就用背篓背着，继续长征。

蹇先佛给在草地土堡中生下来的孩子取了一个含义深长的名字——堡生，即草地“土堡”里出生的孩子。之后，蹇先佛带着她的儿子萧堡生走过了长征中最艰苦的一段路程，经历了只有红军母亲才能忍受的千辛万苦。萧堡生和贺捷生跟着他们的妈妈走完了长征，胜利到达陕北。

虽说是一起参加长征，然而，一路上蹇先任、蹇先佛和弟弟蹇先超却很难见上一面，就连萧克和蹇先佛在一起的时间也不多。在行军中，萧克一有时间就抽空去看一看、摸一摸自己的孩子。有一次，队伍走到一个地方停下休息，萧克过来看孩子。见面后，萧克看看蹇先佛，又看看孩子，还没等说上一句安慰话，国民党的飞机就来了。萧克要蹇先佛把孩子抱出来跑，蹇先佛却说："把孩子放到篮子里，不抱了。"萧克急了，说："不抱不行，快！快！快！把孩子抱起来。"蹇先佛和萧克抱着孩子跑到一个低洼的地方卧倒，这时飞机就在他们附近扔下了几颗炸弹。幸好没伤着，他们和孩子躲过了这次飞机轰炸。之后，由萧克和贺龙率领的红二、六军团先向北，再转南，然后又向西，行踪飘忽，使敌人捉摸不定，很快就甩掉了敌人。1936年4月，他们在丽江以西的石封、巨甸一带渡过了金沙江。只见金沙江里江水翻滚，浪花四溅，江面上几十只竹排、小舟，载着红军战士飞向对岸。远处玉龙雪山顶一片洁白，那莽莽苍苍的山腰，有一丛丛稀稀落落的黑色的岩石和墨绿色的树木，很像玉龙身上的鳞甲。

红军顺利地渡过金沙江后，进入人烟稀少的康藏高原，开始翻越中甸雪山。过雪山时，气候非常恶劣，总司令部让队伍多带些辣椒，把煮好的辣椒水放到水壶里喝，用来祛寒，发热提神，保存自己的热量。

有史料记载，翻越中甸雪山的先头部队红军第四师因为第一次过雪山缺少经验，全师共有百余人不幸牺牲，蹇先佛年仅十六岁的小弟蹇先超也不幸遇难，永远地长眠在了雪山上。蹇先佛的儿子堡生长到六岁时，结实得像铁蛋儿一样。由于抗日战争十分艰苦，便托人把堡生送回湖南老家。遗憾的是，堡生竟不幸死于日军的毒气之中。

2007年7月，九十六岁的姐姐蹇先任因病在北京逝世。蹇先佛回忆说："姐姐就像妈妈一样照顾我，照顾得很细、很好，他们一个一个地都离我们去了。"

有人说，长征是伟大的，参加过长征的女性更是伟大。在红二、六军团长征的队伍中，有蹇先任和蹇先佛姐妹、李贞、陈琮英等十几位女性，她们怀着对革命未来的美好憧憬，风餐露宿，日夜兼程，长途跋涉，但却从来听不到她们诉苦，看不出她们的娇弱，她们和男人们一样在枪林弹雨和缺衣少食的恶劣环境中执着地前进着，她们的飒爽英姿是红军长征路上一道亮丽的风景。

（本文选自《中国人物传记》）

蹇先佛（左）与蹇先任合影

红色妈妈邓六金

文/张立臣

她是共和国两任内务部部长曾山的爱人，她是原国家副主席曾庆红的母亲，她是参加长征的二十七名红军女战士之一，她是一百多名烈士后代永远爱不够的“妈妈”，她叫邓六金，一位英雄的女性。

邓六金

1911年9月，邓六金出生在福建上杭一户农民家里。邓家生活贫穷，邓六金出生才十几天，父母就把她送到一户人家里做“望郎媳”。“望郎媳”是当地盛行的一种婚姻陋俗，比童养媳还要可怕，即到没有男孩的人家里“等郎”——等待男孩出生。一般情况下，“望郎媳”没有什么家庭地位，年岁稍大就从事繁重的体力劳动，说穿了，她们是一种不拿工钱的女佣。

1929年5月，毛泽东、朱德领导的红军队伍来到了邓六金的家乡，给邓六金暗无天日的苦难岁月注入了希望。听说是穷人的队伍，邓六金心头涌起一股激情，她二话不说，剪掉辫子，参加了红军。在部队，她像小伙子们那样勇敢、富有朝气，每天不是站岗放哨，就是鼓动妇女闹革命。不久，她被选为妇女代表。参军两年后，她加入了中国共产党。在邓六金的带动下，她的两个姐姐邓凤金、邓米金相继参加了红军，她们姐妹三人被当地人称为“闽西三凤”。

1934年，中央主力红军八万六千人从江西瑞金出发，开始了人类战争史上罕见的漫漫长征。临出发前，组织上挑选了三十位政治可靠、身体素质好的女战士，作为参加长征的第一批女战士。邓六金就是其中的一员。

在长征路上，邓六金像其他战士那样吃尽了苦头，甚至累得多次吐血。

一般情况下，部队照顾女战士，只让她们行军，不做其他。可长征不是散步，要一边行军一边打仗，什么险恶的情况都能遇到。在路上，邓六金像其他女战士那样，只要工作需要，总会毫不

邓六金与曾山

犹豫地冲上去。一路上，她多次帮其他战士或民工抬担架，也因此累到吐血。艰难险阻的道路，对她这样的女战士而言，日复一日走下去，已是一种奇迹，何况还要抬着人翻山越岭！几次累吐血后，妇女队长刘群一再劝说她，不让她做这种体力活，邓六金嘴上答应得好好的，却依然我行我素。

一天，敌机进行新一番轰炸，在躲闪中，邓六金跟队伍走散了。轰炸结束，邓六金从一个自然掩体里爬出来，匆匆向部队远去的方向追去。但刚走没几步，她发现远处路边放着一副担架，上面躺着一位受伤的红军军官。邓六金知道担架旁的老乡缺少帮手，于是跑了过去。得知在刚才的轰炸中，另一名老乡因害怕逃跑了，剩下的那名老乡无法干活后，她俯身抬起了担架。

长征的道路异常艰险，在行走过程中，每名战士最大的担心就是掉队。因为没有明确的行军标志，一旦掉了队，有可能再也找不到组织。邓六金知道抬担架不容易追上队伍，于是一再催促民工兄弟快走，全然不顾道路艰险，身心疲惫。

大半天过去了，还是没有看到部队的踪迹，邓六金心里非常焦急。她知道，如果到天黑时还找不到队伍，隔夜后，她有可能被部队永远“甩”掉，再也无缘长征了。

更不幸的是，就在他们有气无力的时候，前面又出现了一个高坡，他们的脚步不由得缓了下来。这时，邓六金的体力透支到了极点：胸膛发闷、发热，似有一股热流直逼她的胸口。她的口腔甜甜的、腥腥的，这种情况不是第一次出现，她知道自己快要吐血了，可还是不愿停下来。担架上的伤员看到邓六金步履维艰，他心里很难过。他劝邓六金停下来休息，邓六金看了看天色，说什么也不肯。“我们一定得在天黑之前赶上部队。”邓六金喘着粗气，话还没说完，血液就在她胸膛里翻江倒海，紧接着，几口鲜血从嘴里喷了出来。

抬担架的老乡害怕了，忙说：“女人干不得这个。”伤员也说：“女同志，你不行，再等等，也许能碰上个人……”邓六金没有争辩，她抹掉嘴巴上的血迹，舒展了一下腰身，招呼老乡抬起担架接着朝山上爬去。那名老乡非常感动，他边走边流泪，他说邓六金是个罕见的坚强女子。

伴随激烈的战斗，经过艰苦的长途跋涉，邓六金等女战士随着大部队来到了陕北，董必武赞叹她们道：“这是许多男子望尘莫及的。”

孩子们长大后依然叫她妈妈

1948 年 9 月济南解放以后，人民解放战争进入决战阶段。根据中央军委指示，中原、华东两大野战军积极准备发起淮海战役，歼灭以徐州为中心的国民党军。这时，华东局对邓六金的工作做了重大调整，要她筹办一所保育院，带好一百多个孩子。

对邓六金来说，这是一项艰巨的任务，但她有信心完成。那些孩子从出生到长这么大，是多么不容易啊！由于战争频频，他们的父母为了革命事业，顾不得照顾他们，他们大都有一个不幸的童年。她向组织保证，一定会尽全力照顾好这些革命者的下一代。

在华东局、华东野战军领导的支持下，特别是在陈毅、粟裕等领导同志的关怀下，邓六金和其他同志一起克服种种困难，很快就把华东保育院办起来了。保育院设在离济南几十千米的大官营村，房子是没收来的一个大地主的房子，教师和工作人员是在当地招的一批初中生和师范生，政治文化素质较高。李静一任院长，邓六金任副院长。他们把一百多个孩子按年龄大小编成三个班：小学班、幼稚大班和幼稚小班。孩子们个个健康活泼，在风雨中茁壮成长。

华东保育院创办之初，由于大批粮食支援了前线，后方的粮食比较紧缺，上级配给保育院的只有白薯粉。孩了们本来就面黄肌瘦、营养不良，吃了白薯粉更没个看相。看到这种情况，邓六金特别着急，她和其他同志到华东局、华东军区、地方政府四处求援，不光给保育院争取来了白面、大米、猪肉，还争取来了五头奶牛和四只奶羊。经过一段时间的调养，孩子们脸红了，个儿长高了，不像原来那么瘦弱了。

邓六金在保育院

从1948年开办到1949年6月向上海搬迁之前，华东保育院在山东共接收了一岁至十岁的孩子一百三十七人。当时，农村物资条件差，孩子的健康，成了保育院的头等大事。战争期间缺医少药，最怕孩子得传染病，一倒就是一大片。那段时间，邓六金日夜牵挂着孩子，为他们操碎了心。邓六金知道这些孩子缺少父母之爱，她寻找一切机会给予他们母爱，待他们像自己的亲生子一样。当时，那些孩子都叫邓六金妈妈，在他们心目中，邓六金的确就是他们的妈妈。中华人民共和国成立后，那些孩子长大成人，大多成为国家栋梁，无论身居何种职位，每次见到邓六金，他们都依旧像过去一样亲切地叫她“妈妈”。

1949年5月，上海解放后，华东局、华东军区转移到了上海，华东保育院也接到了从山东青州往上海搬迁的命令。这次由邓六金指挥的、为时一个月、行程一千多公里的“大行军”，终于胜利完成。它犹如一支“特别部队”完成了一次特别的战役。当那一百多个孩子在上海车站和父母或亲友团聚时，整个车站回荡起欢呼声。时光流逝，往事随风，但那几个瞬间，仍然深深地刻在邓六金的脑海里。邓六金先后担任过副院长、院长的华东保育院，抚育、培育了近千名革命后代。

（本文选自中国红色文化网）

永远怀念妹妹乐亚成烈士

文 / 乐时鸣

我的妹妹乐亚成原名乐雅瑾，1923年9月17日出生于浙江定海（今舟山市），1939年9月在皖南参加新四军，1940年5月加入中国共产党，1943年10月14日，在江苏省宜兴县被国民党特务武装“忠义救国军”残酷杀害，年仅二十岁。

我们家兄弟姐妹八人，我是亚成的三哥。亚成比我小十六岁。1932年我离家去上海谋生时，她还是定海县立小学的学生，后来升入舟山中学读初中。她自幼性格内向，很听话，读书时也是一个好学生。

1937年抗日战争全面爆发。1939年6月，日军占领了定海县，亚成随父母逃难到乡下，不久，逃到上海，暂时在租界租屋居住。8月，我从皖南新四军军部到上海采办我受军部委托开办的小工厂所需的原料，见到了父母亲，亚成就提出要随我参加新四军。父母知道新四军是共产党的军队，相信我们走抗日救国的路是对的，尽管他们舍不得子女一个一个走上战场，但还是痛快地同意乐业成了。就这样，我回皖南军部时，把亚成带到宁波，再把她和王月琴、徐莹三个女孩一起带到皖南。她们先在我所办的小工厂休息了几天。得到军部的批准后，我就送她们到云岭，进战地服务团学习。她们就此参加了新四军。

1940年5月，我在新四军江南指挥部任副官处人事科科长。一天，政治部副主任钟期光叫我到他那儿去，就亚成的工作问题征求我的意见。原来亚成在战地服务团工作学习了半年多，现在来到江南指挥部分配工作。组织上认为她忠厚老实，工作积极，进步很快，已经吸收她入党。她虽不爱说话，不会唱歌、演戏，但很细心，责任心强，很适宜做会计工作。我完全同意组织上的决定。这样我在副官处，她在供给处，但因不在同一个村庄，也难得见面。

7月，江南指挥部渡江北上。亚成随供给处去苏北。我留在了丹（阳）北地区。12月，我奉调回茅山地区新四军二支队任副官主任。二支队派侦察参谋王香雄来接我。王香雄告诉我，罗忠毅

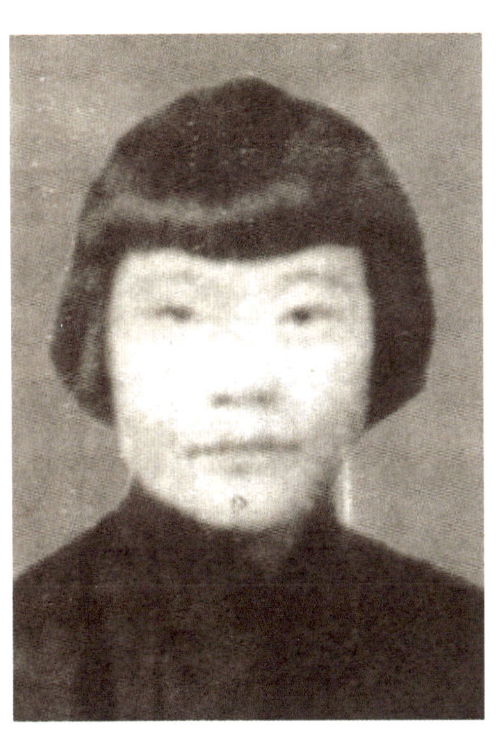

乐亚成

司令要我和他一起，把丹北地区提供给二支队的钱带过去。王香雄要我化装穿便衣将一些钞票捆在身上，在伪保长的掩护下过铁路。其余由他设法带过铁路。我到丹北地方政府去领钱，令我意外的是把钱交给我的竟是亚成，她就在丹北政府负责财务工作。她把钞票装在像机枪弹盒带那样的一件背心里，我穿在身上很不舒服，好在时值冬季，外面套上一件宽大的棉袍，还真不大显眼。我称赞她安排细心。当时我的私人物品已经扔光，只有一架从上海带出来的照相机还在身边，就交给了亚成（再次见面时，她说照相机被地委书记陈光要走了）。这是我们在苏南战场上的第二次见面。她成长了，成熟了，我很高兴。

此后一年多，我和亚成没有直接联系，不清楚她的情况。直到 1942 年初，为加强苏南十六旅的建设，上级派一师供给部的朱希来十六旅任供给部部长。他带来了一些干部，其中有亚成。我当时在十六旅政治部任宣教科科长，我爱人徐若冰也在旅部。我们兄妹、姑嫂又见面了。亚成告诉我，她早从丹北回到一师，就在师供给部工作。不几天，她来和我告别。她又接到调令到茅山地区专员公署去工作了。这是我们在苏南战场上第三次见面，也是最后一次见面。

1943 年 10 月下旬，太滆地委副书记孙章禄来区党委开会并告诉了我亚成被俘的消息。他说：“最近，有一个女同志来太滆，在官庄被国民党‘忠义救国军’便衣特务抓去了。因为交通员去联络站的途中被‘忠救’特务抓住，这个人供出了他是带一个女同志来找太滆专署的。他领着特务到官庄，把那个女同志抓走了。已经查明这个女同志是乐亚成同志，是从茅山调到太滆来工作的。我们正在通过地下党关系查找她的下落，但是，你是知道的，‘忠救’特务对我们的干部是非常凶狠的。她恐怕已经遇难了。”他又说，“我们还在设法查找，一有确实消息，会再告诉你。她是你的妹妹，虽然还没到太滆专署，但已被任命为太滆专署的副科长。我们会查个清楚的。”最后他还说，“不幸的事已经发生了，请你正确对待。我们交通站出了事，那个叛徒已经抓起来了。我们的工作没有做好，请你谅解。”

我木然久久。生死离别，看得多了，但落到自己头上，年轻的妹妹遭了难，我还是悲痛难当！

1944 年 1 月，我们旅部来到郎广地区。农历除夕，我闷坐陋室，独对孤灯，亚妹的身影似在眼前，就写了三首绝句：

（一）

弃笔从戎弟妹三，弟奔陕北妹江南。
狼烟遮道艰难日，死别生离皆等闲。

（二）

除夕乡心遍地同，独难湖渎问芳踪。
生应誓节坚清白，死亦毋忘作鬼雄。

（三）

寒风入夜更凄清，孤室愁长梦未成。
多少人家伤骨肉，翻天事业舍深情。

（1944 年除夕于广德北乡上保）

2 月，孙章禄又来区党委开会。他把查找的结果告诉我：“乐亚成同志被抓去后当天就被押到蜀山附近‘忠救’特务的部队里。两天后传出消息，乐亚成同志遇难。据地下党组织从其内部获知，乐亚成同志牺牲得非常惨烈，被剥光衣服，用铁钉把四肢钉在门板上，用利斧从头到身劈成两片。”我说：“对一个年轻姑娘竟然这样残忍！”孙说：“‘忠救’对我们的干部，是什么都做得出来的。”我问：“埋尸的地点知道吗？”孙摇头：“秘密杀害是不会留下尸体的。”我又问：“能查清被害的日期吗？”孙说：“应该是在被俘的两天之后，10 月 14 日。”

中华人民共和国成立后，华东军区政治部批准亚成为革命烈士。年迈的父母亲含泪接受了这一残酷的事实。

2003 年，舟山烈士陵园为烈士们立墓竖碑，于 9 月 17 日亚成八十岁生日时，正式举行了骨灰安葬仪式。我因年老有病未能亲自去参加祭奠，特写诗一首，遥祭安魂。

家乡沦陷寇蹄狂，抛却红妆去战场。
云岭风光培弱质，茅山烽火炼刚强。
叛徒国贼湖滨恨，惨酷坚贞志士殇。
湖渎难寻英烈骨，魂归故里海生香。

在若冰的笔记中，抄录着亚成的一封信，那是 1943 年 9 月 25 日给若冰的信，是她牺牲前的最后一封信。我在这里全文照录，算是一个珍贵的遗念。

乐亚成

若冰：

我已从休养所出来，不打摆子了，很好，请勿念。

我要向你告别了，我很快就得办移交，移交后就要到另一个地区工作——太滆地区。

这我自己也意想不到会调动，而且会到这一地区去。

我对这地区的工作，有一种好奇和热望，但也在疑问自己。

太滆，我从来没有去过。对没有去过的地方，我总存在着好奇，所以我很愿到那儿去，同时我也想，我也该在单独的地区去锻炼独立工作的能力。但我也有疑问，这疑问就是，那里是水网地区，那我不会水性的人，能坚持工作

乐时鸣

吗？那面同样是一个“清乡”区。另外一个就是那面本来没有负责会计工作的，那么我是否能肩负起建立会计制度的责任呢？

总之，不管三七二十一，我服从了组织的分配，到我没有去过的地方去，不管是否适合于我。

告别，轻易的一句话，由于通信联络上的困难，我们就得暂时隔离了。本来生死在我们无所谓，但追究到底，能无所感！在一个地区，虽谈不到互相照顾，但是得到安慰和鼓励。同志们的友爱加上家庭间天性的情意，得到更体贴的关心，如今我们要暂时告别了。若冰姐，我愿你身体健康，工作开展，直到反“清乡”斗争的胜利，你还是你，没有少掉一根头发。我也希望三哥身体安健，冲破这暴风雨，安渡过对岸，就是抗战胜利。那时节我们在大都市中见面吧！

以后我该是一个人了。

我不写信告诉三哥了。你以后告诉他吧！

祝

安康！

亚成于9.25

亚成，我的好妹妹，年轻的新四军老战士，光荣的共产党员，惨烈牺牲的尊敬的革命烈士。我写这篇文章，不能完全记录你的平凡而又伟大、短促而又壮烈的一生，只是表达我永远的怀念，也让我的子孙们知道你、学习你、怀念你。

（本文由北京新四军研究会供稿）

老红军，永远是一座精神富矿

口述/刘洪才　整理/苟中文　王　旭

刘洪才近照

刘洪才，男，汉族，1911年生，四川通江毛裕镇人，小学文化。1933年9月参加红四方面军，1935年10月加入中国共产党。入伍后，在红三十一军政治部、九十三师师部任通信员。1936年至1938年在七七二团任通信班班长、排长。1939年至1941年任十六团五连连长。1942年后，任独立营营长，游击队大队长、团长。1949年在解放兰州的战斗中腿部受伤致瘸，遂转业到兰州市民政局优抚处工作。1966年离休，荣获三级八一勋章、三级独立自由勋章、三级解放勋章。

参加红军

1932年的冬天，通江人心惶惶，到处流传："'乌棒老二'（当时的国民党、有钱人对红军的蔑称）快来了，逃难去吧！'乌棒老二'杀人放火，'共产共妻'，喝人血，吃人肉，每顿离不开小孩的肉下酒……"这样一来，有钱人家全都藏好粮食衣物，带上财宝家眷到大城市避难去了。没钱的穷人能往哪去呢？只得躲进深山老林，白天偷偷观察，晚上才敢回家。

我当年还是个二十出头的小伙子，血气方刚，不怕事，不信邪。心想，自己是个放牛娃，房无一间，地无一垄，靠帮工过日子，有啥可怕呢？于是大胆地走近红军，站在旁边观看。红军见了我，亲切地叫我"小鬼"；红军开饭时，还盛饭给我吃。当时我眼中的红军态度和蔼、平易近人，并非谣言中的"青面獠牙"、要吃人的怪物。那个时候我彻底解除了恐惧心理，还邀约一起长大的伙伴们一同接近红军。每次红军都是热情

而和善地对待我们。赶上吃肉的时候，还请我们一同“打牙祭”。我同伙伴们第一次吃上了饱饭，吃上香喷喷的红烧肉，得到了从来没有过的满足和幸福。红军对我们说：“光你们自己吃饱吃好不算好，要穷人都能吃饱饭才算好。穷人怎么样才能吃上饱饭不受财主的气？只有参加红军干革命。”我和伙伴们第一次听到这些道理，心明眼亮了。1933 年 9 月，在家乡通江毛裕镇，我报名参加了红四方面军第三十一军。

此后，同我一起开始长征的还有哥哥和在区苏维埃分别当主席、妇女部部长的父母亲。父母牺牲在草地，这是我到延安后才知道的。哥哥至今没有音信，恐怕也早就不在人世了。

军事训练

我参加红军之后，正值大练兵运动：一练胆量，二练技术，三练战术，四练行军，五练作风。上自军长，下到炊事员、饲养员；上自总部机关，下到各师团机关、连队，人人参加，无一例外。我所在的政治部机关门口，有练习瞄准的靶子，有空就练。每天早上，训练跑步、爬山、跳越障碍、紧急集合和实战刺杀。每天晚上，进行夜战训练，刮风下雨也不例外。特别是在漆黑的夜晚练习行军、爬山、攀登悬崖、侦察、联络、射击投弹等夜间技能。通过这次训练，我从一个普通的放牛娃成长为一名合格的红军战士。

当通信员的日子

我先后在红三十一军政治部和红九十三师师部当通信员。那时，部队没有通信工具，军部与各师部的联系，师部与各团部的联系，全靠通信员的两条腿传达命令。因为我是放牛娃出身，自幼爬坡上坎，走惯了崎岖的山路，两条腿跑得飞快，战友们都称我为“飞毛腿”。在战场上，无论是枪林弹雨还是刀山火海，我都毫无畏惧地冲过去并及时完成任务。尤其是送鸡毛信时，我经常在激烈战斗中踩在死人身上，越过封锁线。为了避开密集的子弹，有时只好卧倒在死人堆里，虽全身血肉模糊，但也及时准确地将信送到。特别是在万源保卫战中，师部给通信排的战士每人配一支短枪、一把大刀、四枚手榴弹、一杆长矛。有一次，敌人围上来，叶志道师长亲自带头冲杀，杀得敌人尸横遍野，血流成河。这是我在川陕苏区遇到的一次最激烈的战斗。虽然消灭了敌人，但我们通信排也牺牲了绝大多数战士，最后只剩下八个人继续战斗。

夜战告捷

1934 年 7 月，在万源保卫战中，我所在的九十三师驻守东线。每夜，红军和游击队趁敌“双枪兵”（另一支是鸦片烟枪）吞云吐雾之际实行突然袭击。

当时，通江牛角嵌驻着一个民团，九十三师驻平溪坝。因为我对当地的地形熟悉，首长要我和另一个战士化装成农民去侦察。民团驻在山腰一家大院里，背靠陡峭的悬崖，无路上下；左右树木茂密，地面荆棘丛生，无法通行。门前一条石板路弯弯曲曲通到山下。门口站着两个哨兵，门楼上时有哨兵巡视，宅子四周的围墙很难攀越。我把看到的情况向首长作了详细汇报。

当天傍晚，淅淅沥沥的雨下个不停。副连长带着挑选出来的精明强干的三十名战士，由我带路，乘着夜色，在泥泞崎岖的山路上悄然前行。下半夜，我们才接近目的地。远远望去，大门紧闭，

万源保卫战战史陈列馆

门楼上的桐油灯散发出昏黄的光，三丈以内，依稀可辨。雨越下越大，门楼上的哨兵无精打采，打着呵欠，伸着懒腰，望着如注的雨帘，头靠栏杆，竟打起瞌睡来。副连长抓住这一有利时机，迅速行动。战士们弓着腰，轻手轻脚，迅速来到门楼下面，搭起两道人梯，我和另一个战士首先攀上栏杆，进入门楼，当敌人的哨兵听到响声睁开眼睛时，乌黑的枪口已经对着他俩的脑袋。我小声命令道："不许说话，缴枪不杀！"哨兵只得乖乖地缴了枪械，在枪口的威逼下，轻轻打开大门，战士们迅速进入院内。正屋和厢房灯火齐明。正屋的麻将声吆喝声不绝于耳。厢房内飘出一股大烟味。战士们几乎是在同一时间里一脚踢开房门，乌黑的枪口对着他们，大喝："缴枪不杀！"就这样，没费一枪一弹，民团全部做了俘虏，伪团长被活捉。共缴获长短枪五十支，大洋一千多块，大烟土三十多斤。当我们带着胜利果实返回时，雨停了，太阳出来了，好像老天也为我们的胜利而高兴。这次夜袭成功，我受到师部的表扬，并特地发给我一支手枪以示嘉奖。

万源保卫战战史陈列馆陈列的部分战利品

突袭青龙观

万源保卫战在击退敌人进攻之后，到了乘胜反击的时刻。我所在的红三十一军九十三师担负东线反击战中突袭青龙观的重任。我时任九十三师师部通信员。1934年8月8日，我亲随师长叶志道到二七四团，师长给该团布置动员突破青龙观的任务，确定以二营为先头部队，并由副团长带队。9日傍晚，徐向前总指挥下达了夜袭青龙观的命令，孙玉清军长作了战前动员。10日夜，红军发起东线反击，我当晚因身在师部，未参加战斗，但事后听战友讲述，仍如亲临一般。

万源境内的青龙观，山高林密，地势险要，东西两侧的羊肠小道有重兵把

守，坡缓易攻的南面碉堡林立，北面的悬崖犹如屏风。悬崖下的金竹林被全砍成半尺高的尖桩，锋利如刀，没有竹子的地面，铺满了三角铁钉，一脚踩上，准会扎得鲜血直流。这里驻着敌人一个旅，旅部设在山顶的大庙内。敌人以为他们的防地固若金汤，可以高枕无忧了，但做梦也没想到他们将面临灭顶之灾。

夜幕降临，秋雨绵绵。二七四团副团长易良品带领二营五十名突击队员，穿着厚底布鞋，在半夜里通过悬崖前面的金竹林来到了悬崖下。三名勇士带着长绳，攀藤登岩而上，来到顶边，将绳子吊下，其余战士手抓吊绳，脚登石壁，不一会儿，五十名战士全部爬上了悬崖绝壁，然后匍匐前进。除掉哨兵，打开大门，发出占领的信号弹。敌人睡梦正酣，毫无戒备，易副团长带头向大庙冲击，一直冲进指挥部缴了敌人的枪。敌人失去了指挥，群龙无首，胡乱开枪。易副团长又向山下一、二营发出进攻的信号。霎时杀声四起，夜空震荡。敌人遭到我军的前后夹击，逃的逃，死的死，当俘虏的当俘虏。前后仅两个小时，红军就用一个团的兵力，消灭了敌人一个旅，为东线红军全面反攻打开了突破口。

渡江西进

1935 年 3 月 28 日，红四方面军为了策应红一方面军北上，离开了川陕苏区。29 日拂晓，我所在的红三十一军在苍溪北面鸳溪口以南的石锣锅强渡嘉陵江，击溃了川军刘维汉一个旅。31 日，攻克阆中县城后，又向剑阁进军。我当时在红三十一军九十三师师部任通信员，还清楚地记得当时攻占剑门关的情景。

4 月 2 日拂晓，九十三师的三个团和九十一师及八十八师对剑门关守敌形成东西南三面合围，很快扫清了外围敌人的据点。由九十三师二七四团二营营长陈康担任正面突击，向敌人主峰阵地发起冲锋，经过反复激烈的战斗，于当日黄昏占领剑门关要隘，共歼敌一千余人，川军团长杨倬荣在营盘嘴坠崖而死。

接着，九十三师占领昭化后，又进军青川，攻克中坝、梓木童、彰明、平武、川北等重镇，并建立了县、乡、村苏维埃政权，扩大了红军。又挥师西进，于 1935 年 6 月中旬，在懋功同红一方面军胜利会师。

过雪山草地

懋功会师之后，我随军北上，翻越海拔四千五百多米的梦笔山（雪山之一），到达卓克基。在卓克基，两个方面军分成左路军和右路军。我所在的三十一军被编入由张国焘、朱德、刘伯承率领的左路军。左路军还包括红九军、红三十三军和原一方面军的红五军、红三十二军。右路军由陈昌浩、徐向前、叶剑英率领，由红四军、红三十军和原一方面军的红一军、红三军组成。右路军北上毛儿盖，过草地，到达包座。左路军一部分驻守卓克基，一部分向西北进攻阿坝。我随部队通过草地，到达阿坝之后，随军向东北与右路军会师，到嘎曲河岸，因河水暴涨无法过河，遂返回阿坝，奉命南下川康，再次过草地翻越终年积雪的梦笔山、夹金山、党岭山。转战九个多月，于 1936 年 7 月 2 日在甘孜同红二方面军会师后再度北上，横穿草地，至 1936 年 10 月到达会宁，三个方面军胜利会师。

我最难忘的是当年爬雪山过草地的情景。

雪山是对海拔四千五百米以上终年

1935 年 6 月，红军第一、四方面军在四川懋功会师

积雪的险峻高山的通称。雪山的气候，变化多端：要么风雪弥漫，刮得人睁不开眼；要么阳光雪亮，刺得人不敢睁眼。雪山上根本没有路，红军硬是要在雪山上走出一条路来。爬雪山只能走，不能停，如果一坐下，就永远起不来了。其中最艰苦的莫过于在前面探路的部队，不知有多少战士掉入雪谷，永远长眠。

雪山虽然难爬，但一天就过去了。而无边无际的茫茫草地，从进入到走出至少要七八天。过草地的艰辛，不仅仅在于要面对变化莫测的鬼天气和到处暗藏陷阱的泥沼，更主要的是在于要饱受饥寒的摧残。我清楚记得，进入草地前，领导动员大家备足干粮。但是一条米袋子能装下多少呢？背得最多的也不过能吃上五天。然而草地仍然望不到边。继续行军，总得填饱肚子，那只有吃树皮和草根了。树皮脆脆的，草根绵绵的，使劲地嚼，努力地咽，很难咽下去，更难拉出来。肚子鼓得胀胀的，不少人中了毒倒下了。走在前面的部队还有树皮、草根吃，后续部队连这种“美餐”也见不着了，只有吃皮带、皮鞋。皮具吃光了，就到粪便里寻找没有消化掉的麦粒来救命。尽管如此，我和我的战友们还是以超人的意志、坚强的毅力走出了草地，而且往返三次。

英勇抗日

长征胜利后，我当上了八路军的通信班班长、排长。

那个时候，我整天都在想怎么多杀日军，多缴枪。十四年抗战，我六次负伤，四次立下战功。因为我负过伤，现在还经常头昏，只能用风油精涂抹太阳穴，缓解头晕。

有一次，部队攻打辽县，决定晚上偷袭城门。我们久攻不下，有人建议用竹竿爬上去！于是，部队组织了一支七个人的突击队，找来一根碗口粗的竹竿，我第一个爬上城墙。我从小就喜欢爬树，爬竹竿不成问题！当我爬上城墙时，竟然只有三个日本哨兵，还都在睡觉呢！我和战友把日本兵嘴巴一捂，叫到一边问清了敌指挥部的去处，当晚我们就智取了城门。占领城门后，我发出两颗红色的信号弹，让大部队开进。打完仗后我们把日本俘虏交给师部当通司。日本俘虏挺幸运，后来当了八路军的日语翻译，负责打仗时向对方喊“缴枪不杀”

懋功维达镇会师桥

之类的话。他们有马骑，有好吃的，日子比我们还好呢！此仗后，我由排长升为连长。但后来敌人援兵到了，八路军不得不撤出辽县。撤退途中遇到飞机轰炸，我肋骨被打断，只好用白布把胸部捆起来，免得肠子掉出来。那次作战，我右肋骨断三根，髋骨被锯掉一截，直到现在右腿还短一寸。我还装过日本兵呢！部队在攻打历城的时候，我担任侦察连连长。我带了几名战士，化装成日本兵进城刺探敌情。日本军装是战利品，平时都在供给处存着。我尽量不说话，否则就会暴露出四川口音。我经过一个岗哨的时候，被站岗的日军拦住了。日军问："干什么？"我响亮地回答："换防！"对方稍一迟疑，我骂了一句："八格牙路，连老子都不相信！"然后像日军那样给了日军哨兵几个耳光。日军哨兵捂着脸，低着头，再不敢说话了。

日军也有装八路军的时候！他们派出"暗杀队"，乔装成八路军或者戴着礼帽的商人，来暗杀八路军。杀了我们几个人就被我们发觉了，日军伪装得很失败，假八路一看就贼眉鼠眼的！我总结出不少打日军的经验：必须争分夺秒，沉住气，勇敢拼，不是你死就是我活。别看日军"呀呀呀"地叫得凶，他拼刺刀只有三招：一招刺胸，二招刺喉，三招刺下身。除了这三招，他就没办法了。一次战斗中，我躲过了这"三招"后，瞅准机会一枪就刺进了日军的胸膛。那一仗下来，我被提升为副营长。我给手下的战友们讲，打仗第一要服从命令，第二要坚决勇敢。

（本文选自新华网，有删节）

我亲历了孟良崮战役

文 / 张圣虎　傅家德　李占江

1947 年 5 月，由陈毅、粟裕指挥的华东野战军一举全歼了国民党精锐主力整编七十四师，挫败了蒋介石重点进攻山东解放区的计划，扭转了华东战局。陈毅挥毫泼墨，写下了气壮山河的诗篇：

孟良崮上鬼神嚎，七十四师无地逃。
信号飞飞星乱眼，照明处处火如潮。
刀丛扑去争山顶，血雨飘来湿战袍。
喜看贼师精锐尽，我军个个是英豪！

由此，孟良崮战役作为我国解放战争史上具有特殊战略意义的著名战役而彪炳史册。

霍维新：黄崖山上阻击黄百韬

1946 年参军、1964 年带病复员的霍维新，家住蒙阴县蒙阴街道北关村。

攻打孟良崮时他是华东野战军六纵十六师特务连战士。在一次昼夜行军中，他所在的部队开始了夺取黄崖山的行动。作为一支前锋部队，克服疲累、饥饿之苦，一边行军，一边睡觉，终在 5 月 15 日的拂晓抢到了黄崖山主峰的山脚下。这时候，黄百韬二十五师的一支先遣部队也刚好开到了西面山脚下。胜败就在毫厘之间！

“冲！”我们特务连毫不犹豫地从东坡攀缘而上，国民党军则从西坡匍匐而进！比速度！比耐力！比毅力！五十分钟后，我军登上峰顶，抢占了制高点，这时国民党军离山顶仅有三十米，一分钟的行程！

“打！”连长一声令下，百十支汤姆枪、步枪一齐朝国民党军扫去。黄崖山主峰因此控制在了我们手里，其他友邻部队则相继占据了附近的猛虎山、万泉山等要点。黄百韬展开营、团级的一次又一次冲锋，我们一直坚持到第二天下午，距离孟良崮战役结束只有一个小时，黄百韬只能眼睁睁看着七十四师在枪炮声中沦入灭亡而“爱”莫能助……

“倘使国民党军先我一分钟到达山顶，阻击二十五师的战斗，乃至整个孟良崮战斗恐怕就是另一番场景了呀！”时至今日，霍维新对黄崖山之战仍感慨不已。“那时我们还编写了一首攻打国民党七十四师的歌，后来在部队中广为传唱。”虽然过去了半个多世纪，但霍维新还清楚记得歌词：“飞跨沂蒙山万重 / 攻上孟良崮 / 活捉张灵甫 / 消灭七十四师立奇功 / 红旗插上最高峰……”霍维新因作战勇敢荣立三等战功一次。

施夫俊：老大娘帮指认敌军位置

在孟良崮战役纪念馆战役展厅内，陈列着一幅一位老大娘为我军战士指点着远方的照片，照片上的解放军就是时

任炮兵连连长施夫俊。

1947年5月中旬，孟良崮战役都打到第三天的上午，鹿死谁手还没有见出分晓。在外围，敌人的炮火压得我军官兵抬不起头来，这时我军得到一份情报说，敌八十三师第一团指挥所就在对面的村庄刘家河疃的商店里。时任炮兵连连长施夫俊接到立即炮击的命令后，却在地图上怎么也找不到那商店的具体方位。焦急万分的施夫俊束手无策，时间在一分一秒地过去……就在这时，一个感人的场景出现了，随军摄影师将它定格为经典——在硝烟翻滚的战场上，一位久经风霜的沂蒙老大娘，正给施夫俊指认刘家河疃商店的方位。

摸清敌人的地理方位后，施夫俊所在连只用了十几发炮弹，就压制了敌人的指挥所，摧毁了敌人的两座地堡，协同兄弟连队完成了阻击任务。遗憾的是，这位沂蒙老大娘的姓名始终无法查到。

施夫俊说："这位沂蒙山老大娘迎着炮火硝烟，冒着生命危险，为我指点目标，她代表着千千万万沂蒙妇女的光辉形象。"施夫俊还记着，在昔日四百二十多万人口的沂蒙山区，就有一百二十多万人支前参战，三万一千多沂蒙儿女为了人民的解放事业献出了宝贵的生命。孟良崮战役，沂蒙人民功不可没！

蒋玉棠：火线抢救三百多名伤员

蒋玉棠是当年孟良崮战役支前的鲁中军区第三军分区救护队教导员。

孟良崮战役打响了。鲁中军区第三军分区责成蒋玉棠率领救护队，参与火线救援。蒋玉棠深情地回忆道：孟良崮战役火线救护队，全是清一色的青壮年组成。两个人一组，总共五百多人，近两百副担架，是严格按照"四四"编制。"救护队由班长、排长、连长组成，我当时是教导员。记得一次冬天，我们随大部队行军时，一连几天下着大雨，寒风凛冽，刺骨的西北风呼啸着，穿的鞋子磨破了就光着脚丫走，但是没有一个叫苦喊累的，没有一个掉队的。"说到这儿，蒋老又激动地唱起了当年他们自编的歌谣："救护队抬担架/谁都不害怕/为了求解放/愈战愈有劲/累死也心甘。"

5月12日，孟良崮战役打响的第二天，我军大批伤病员需要从前线阵地转到后方医院，华东野战军前线指挥部命令第三军分区救护队深入战区救护，同时开展护理伤病员等工作。接到通知后，蒋玉棠二话没说，就指挥着队员火速奔赴前线。他告诫队员们：伤员为了人民流血，我们要为抢救伤员流汗。在抢救伤员时要处处留神，千万不要增加伤员的痛苦。"一次在抢救伤员时，我正要躬腰往担架上抬病员，倏地，从病员身上掉下来一枚子弹壳，看着流血不止的伤员，我的眼泪啪啪地往下掉。"蒋玉棠小心翼翼地把子弹壳捡了起来，紧紧地攥在手中，发誓一定救护好前线的伤病员。这一次，他一个人一鼓作气连续抢救了十名伤病员。

在整个孟良崮战役期间，蒋玉棠率领火线救护队抢救伤员三百多人。蒋玉棠也被华东野战军第三军分区授予二等战功。

（本文选自《大众日报》）

梁赞庭——朝鲜战场上的汽车兵

口述/梁赞庭　整理/梁　捷　梁苏哲

梁赞庭与在朝鲜所驾驶的汽车合影

梁赞庭，1933年生于山西文水保贤庄村，1950年10月参加中国人民解放军，1951年赴朝鲜，1956年6月转到二一〇部队（停战委员会开城联络处）任汽车班班长，1957年回国，后被安排到山西省文水县运输公司任汽车队队长，1985年从运输公司退休后，在山西省文水县劳动服务公司汽车修理厂任副厂长，1990年在文水县劳动服务公司汽车学校担任班主任兼授课教师，1997年从劳动服务公司退休在家安度晚年。

1950年10月，毛主席号召青年学生积极参军。我当时在山西省文水县师范学校学习，自愿报名参加了中国人民解放军。参军后，我在大同市解放军汽车学校学习了八个月，毕业后被分配到九十四团汽车连当司机。1951年10月，奔赴朝鲜，参加抗美援朝战争。

到朝鲜后，我成为一名卡车司机，主要运输粮食、弹药、木材等军用物资。因为美军投入大量飞机封锁交通，所以在运输途中危机四伏、凶险异常。当遇到雨雪天气飞机不能起飞时，我们往往要昼夜不间断运输，饿了吃压缩饼干，渴了喝雪水，条件十分艰苦。住的房子都是用石头砌成的，没有房顶，只拉一块帆布遮阳挡雨。床是杂草加帆布，冬天不能生火，睡觉只脱掉大衣。我们当时称之曰“盖天铺地”。

运输途中几遇险

由于战争一开始美军拥有绝对的制空权，我们在运输途中经常会遭遇敌机，常和航炮、炸弹打交道。

一次往前线运送木料，把木料卸下返回的途中遭遇美军飞机。敌机先是投下了照明弹，我赶忙下车隐蔽，接着飞机上的机枪便开始向地面扫射，我躲在汽车后轮胎的钢圈里，躲过了子弹。

有一次往前线运输雷管，途中遭遇敌机。我们卡车上配有防空哨，哨兵发现飞机马上敲车窗玻璃提醒我，我没有减速，急打方向把车开下公路，向不远处的山沟开去进行隐蔽。此时飞机和子弹呼啸而过，我根据经验判断，敌机一定会折返回来进行二次打击，我们就一直躲在山沟里，等敌机飞远后，我才开车继续前行。

还有一次是夜间行车，为了躲避敌机，我们晚上开车是不允许开车灯的。我当时已经开了一天的车，很是疲惫，加上视野很不好，把车开进了炸弹坑。我惊魂未定地从坑里爬出来，检查了车子并没有严重损坏，在同行的车和战友的帮助下，把车从弹坑里拉了出来，继续前进。

最惊险的一次是我开车拉着几名干部前往定州的途中突遭敌机轰炸。我当时驾车，看见敌机迎面飞来，并在汽车前方不远处投下一枚炸弹，我急忙踩了刹车，并叫大家赶紧跳车。接着炸弹就爆炸了，弹片就贴着车顶飞了过去，车窗玻璃全被震碎。所幸我们都安然无恙。

山中独自夜惊魂

当了一段时间卡车司机后，我被调到师部为首长开吉普车。1953 年 5 月，中国人民志愿军准备大反攻，我所在的师被调往前线。

一天，我拉着师参谋长去视察部队驻地，当时部队驻扎在一个山沟里。参谋长和警卫员下车后，进了山沟视察，让我把车隐蔽后去找他。我把车开到了一片树林里，当我准备去找参谋长的时候，因为是第一次去那个地方，迷了路，怎么也找不到他们。天色渐渐暗了，我只好回到车里，等着警卫员来找我。夜渐渐深了，在那个荒无人烟、连鬼影都见不着的地方，我是既惊又怕。一是怕树林里的蛇蝎毒物，二是怕敌人的飞机来袭。我把车门反锁，手枪上了膛，蜷缩在车里，一直到天快亮才睡着。后来我得知，参谋长派警卫员寻了我整整半宿。天亮后起了雾，参谋长计划趁着雾气行车去前线视察，于是再次派警卫员找我，我在车里隐约听到了警卫员的喊声，当我见到参谋长的时候，他批评警卫员前一天晚上没有找到我，并拿出他随身带的饼干给我充饥。我边走边吃，赶忙开车拉着参谋长去了前线，视察完之后我们没有再返回那个驻地，直接回

梁赞庭（后排右一）与战友合影，后排中间者为朝鲜同志。1953 年 10 月摄于朝鲜开城

梁赞庭（左四）与战友在朝鲜欢度元旦

梁赞庭（左一）与战友在修车

停战前板门店会场（老会场），摄于1953年

到了后方的师部。

板门店谈判载首长

1953年6月，停战前夕，接到上级命令要求从每个师挑选一名思想好、技术好、有文化的司机，我有幸被选上。我们被集中到中国人民志愿军总部，然后被送回国，在辽宁省丹东市接受了半个月的培训。我们得知这次挑选司机的目的是载首长去板门店谈判，教员着重强调了纪律问题和政治立场问题，并告诉我们要注重礼节，注意车的保养等。

培训结束后，我们每人开一辆汽车，拉着中立国代表等人返回朝鲜，我拉着连长、指导员走在车队的后面。到了朝鲜之后，停战委员会过来挑司机，要走五人，我在其中。我最先被安排给黄华同志当司机，黄华当时是双方谈判的中方代表。之后我被调去给“乔指导员”开车，我当时并不知道这位指导员的真实身份，后来才知道这位“乔指导员”便是当时担任中方谈判顾问，后来出任外交部部长的乔冠华同志。之后我便一直留在停战委员会工作，给委员会委员、谈判团秘书长柴成文同志开车。

后来停战委员会改成了开城联络处，我仍留在朝鲜工作。1956年2月，在中国人民志愿军汽车部队积极分子大会上，我荣获积极分子二等奖，并由副司令员洪学智授予荣誉奖章。

（本文选自国防部网）

梁赞庭在朝鲜时荣获的奖章

父亲何其巩二三事

口述 / 何嗣嘉　整理 / 贾晓明

何其巩，1899 年生，安徽桐城（今枞阳县）人，少年时期进入西北军，在冯玉祥部下当了一名上士文书，为冯玉祥所器重，升任秘书长。1928 年 6 月，北平特别市成立，时年二十九岁的何其巩被任命为北平市的首任市长。1936 年到 1946 年期间任中国大学校长。抗战期间，何其巩团结全校师生在极其艰苦的情况下拒绝日伪插手，发展壮大了学校。解放战争期间，他积极参与了策动十一战区起义工作，同时积极说服傅作义将军率部起义。1955 年，何其巩病逝，享年五十六岁。

1936 年 10 月，我的父亲何其巩开始担任中国大学校长，在任上一干就是 10 年。其间正值抗战，父亲和全校师生一道克服了重重困难，谋得了大学的长足发展。在父亲任职期间，他坚持中国人办中国大学，拒绝日伪经费援助，在极其困难的情况下将大批爱国学生并入学校，更延聘爱国学者执教。他还利用自己的关系，保护了不少爱国学生。

营救爱国学生

在父亲救助的学生中，有一位名叫黄诚，曾是清华大学救国会主席，于 1936 年 1 月加入中国共产主义青年团，4 月转为中国共产党党员。他积极投身学生运动，发表大量文章，抨击国民党当局的卖国行径。9 月，在党组织和吴承仕教授的协助下，转入北平中国大学国文系学习，继续从事抗日救亡工作，后任北平学联主席、中共北平学联党团书记，积极参加领导中国大学的救亡活动。

1937 年 1 月，黄诚、史立德等五人突然被冀察当局以“共产党嫌犯”的罪名逮捕，关押在冀察绥靖公署草岚子监狱。五位被捕同学的家长都万分焦急，请父亲出面。吴承仕闻讯后，也马上去找父亲。刚刚当上校长的父亲感到保护学生义不容辞，便答应下来。

春节期间，主持华北政务的二十九军军长宋哲元回山东乐陵老家过年。父亲担心被捕学生被解往南京，便利用自

何其巩

己在西北军时期的关系，在正月初二赶到乐陵给宋母祝寿，趁机向宋哲元提出请他帮助释放学生。宋哲元告诉父亲说：秦德纯（时任北平市市长、二十九军副军长）认为史立德、黄诚等系“共党”分子。父亲就以“他们无非是要抗日嘛”为挡箭牌，并用自己的名誉担保。宋哲元当即给军法处下了手令，叫北平方面放人。父亲第二天就拿着手谕赶回北平。

回到北平后，父亲派秘书到监狱探视几位同学，告诉他们即将获释的消息。2月底，黄诚、史立德等被释放。后来我遇到史立德同志时还谈到此事，他告诉我：“你父亲（何其巩）曾对我的家人说：你的孩子和我的学生是一样的，只是爱国，我会去救的，你放心吧。”黄诚后来参加了新四军，任军政治部秘书处处长，皖南事变后被捕，在上饶集中营英勇就义。

黄　诚

拒绝日伪“援助”

1938年，汤尔和附逆后，拟拉父亲充当伪教育总长等职，被父亲严词拒绝，但伪政权大造舆论，“何其巩要当汉奸”的传言不胫而走。为表明心迹，父亲发出两份电函：一是致电蒋介石说“誓竭忠诚，以为股肱之佐决不附逆，致贻钧座之忧”；二是致陈立夫（时任教育部部长）电报，除表示不为侵略者利用外，还提出要教育部发给中国大学补助费之请求。不久，即收到蒋、陈的复电。蒋介石除对父亲表示慰勉外，还希望父亲做地下工作。陈立夫的回电与蒋复电内容大致相同，但未对补助费表态。

为什么父亲要向陈立夫申请补助费呢？因为中国大学是民办大学，经费基本上由校董会自己筹措，由校董会管理（由于学费是办学经费的重要来源，因此民办大学学生的学费比国立大学要高得多）。而抗战以前，教育部每月发给中国大学一万元补助费，再加学费，学校可以勉强维持。北平沦陷后，南京教育部的一万元补助费已经无法领到，对教职员工的工资不能按原数发给，中国大学经费一直非常困难。日伪教育部也曾多次提出给予中国大学以经费补助。有人也曾建议，不妨接受一些，以解燃眉之急。但父亲认为这是饮鸩止渴，绝不可行。他说：如果接受了金钱，日伪必然要派人来校进行控制。八年沦陷期间，中国大学没接受日伪的任何“援助”，“所赖以维持者，仅少数学费”，结果“校款短绌，债务累积”，但乃“由师生分途募捐，补苴缺漏以弥其缺，忍饥耐寒”。后来父亲谈及此事，总是批评自己“无能”，“愧对师生”。

此后父亲为中国大学补助经费之事，还专门给蒋介石去电。北平沦陷后，时任燕京大学校长的司徒雷登曾三次秘密去重庆见蒋介石，每次父亲都托他带信给蒋介石。

日军占领北平后，对困居北平家中

的吴佩孚威逼利诱，拟促使其出任伪职。蒋介石对此事深感忧虑，特别嘱咐陈立夫致电父亲，要他对吴佩孚进行劝阻。父亲和吴佩孚是老相识，吴每年过生日，父亲都去给他祝寿。因此接电后，父亲马上接受了此项任务。父亲秘密与吴佩孚取得联系进行劝说。得到吴佩孚的回答后，父亲将恳谈结果立即电告陈立夫，文中说吴佩孚坚决表示绝不为日军利用，决不背叛祖国。这电报由父亲的秘书崔瞻誊写。父亲为了慎重，在电文中不写佩孚、子玉，而以“延陵”替代，典出“延陵季子”之意。

筹建“北方救国会”

1938年，在中共晋察冀中央局社会部领导下的北平联络局与父亲共同建立了秘密的抗日统一战线组织——“北方救国会”。北方救国会设理事长一人，常务理事三人，理事若干人，秘书长一人。理事长由父亲担任，常务理事由父亲（中国大学校长）、张东荪（燕京大学教授）、王定南（中共北平联络局负责人）三人担任，理事由许少坚（孔祥熙机要秘书）、许宝骏（中国大学校长秘书）、胡海门（代表国社党）、王之相（王淑梅，中国大学总务长）、唐悦良（西北军外交处处长，冯玉祥的连襟）、杨宗翰（原国民政府蒙藏委员会负责人），另外还有天津几位民主人士共同担任，秘书长由张靖（号德懋，中国大学图书馆馆长，中共北平联络局情报组工作人员，父亲与党的单线联系人）担任。

“北方救国会”成立当天，即发表了《驳“日本近卫首相声明”的声明》，由燕京大学英籍教授林迈克交路透社在英国伦敦发表。这份声明在世界范围内引起了很大反响。

“北方救国会”是以父亲所在的中国大学、张东荪所在的燕京大学为基础，联合辅仁大学而成立的团体，其使命是使三所私立大学及其附属的中、小学都一致接受抗日民族统一战线的领导，为掩护保存和发展抗日民主力量而努力，并拒绝日伪对三所大学的控制。“北方救国会”定期向北方局汇报，彭德怀曾亲笔致信父亲，表达对“北方救国会”工作的赞扬、致谢。蒋介石也派黄少谷（时任军事委员会政治部厅长等职）与父亲联系，了解“北方救国会”的情况。

1939年，中共北平联络局负责人、“北方救国会”常务理事之一的王定南被伪北京公安局逮捕后，张靖找到父亲，请他设法营救。父亲找到余晋和（抗战前曾任北平市公安局局长，时任伪北京市市长）从狱中将人救出。日占时期的北平实行居住证制度，出狱后的王定南既无固定职业，也无固定居所，致使他无法顺利开展工作，更有暴露的危险。张靖代表北平联络局找到父亲，寻求解决办法。父亲出面与“治安皇协军”司令高德林（原西北军冯玉祥将军保卫营营长）商定：让王定南担任高“驻京办”的秘书，并言明“照顾老朋友，只拿钱不办事”。这样既解决了他的公开身份，也解决了收入问题，为今后开展工作创造了条件。

（本文选自人民网）

父亲马白山率兵作战二三事

文/彭　桐　李　荣

马白山

马白山（1907—1992 年），海南澄迈马村人。1927 年加入中国共产党，1929 年入南京中央军官学校学习。1932 年任中共昌感县委委员。1938 年任由琼崖红军改编的广东省民众抗日自卫团第十四区独立队队副。1949 年赴北京参加第一届全国政治协商会议和开国大典。1955 年被授予少将军衔，获中华人民共和国二级独立自由勋章和一级解放勋章。1988 年获一级红星功勋荣誉章。

1938 年 12 月 5 日，琼崖红军游击队在云龙镇改编为广东省民众抗日自卫团第十四区独立队，冯白驹任队长，马白山任副队长。1939 年 2 月 10 日，日军攻占海南，当天独立队命令黄大猷中队到南渡江畔的潭口阻击日军，打响了海南共产党领导的抗日第一枪。

拔掉日军第一个城镇据点，则是这年 11 月，由马白山亲自组织指挥的围攻那大之战。

当时的那大，为西线重镇，更是进出五指山地区的重要关口。拔掉这个“钉子”，是掀起琼西抗日斗争新局面的关键。

如何开局，走好这第一步棋？经过深入调查和深思后，马白山决定扬长避短打一场人民战争。经过一番发动，各种抗日力量积极加入，仅民兵和群众就有三千多人。

11 月初，任围攻那大总指挥的马白山发出了战斗命令。

按照作战计划与周密部署，各路人马分头行动，破坏公路、封锁通道，清查奸细，并在那大周围吹号、鸣枪、呐喊。多次佯攻性袭击，迫使敌人处在极度紧张状态，并陷入供给断绝、疲惫不堪的境地。

11 月中旬的一天下半夜，当再次发动大规模佯攻时，惊恐万分的日军吓得丢下据点，夺路而逃。而在向新州逃窜的途中，又遭抗日游击队和群众及友军伏击，被打得溃不成军。

这漂亮的一仗震动全琼，鼓舞了人民群众抗日，也震惊了日军，被认为是日军入琼以来最大的耻辱，此前日军从未撤过盘踞重镇的据点。

当时东南亚的报纸等媒体竞相报道，军事理论家认为这是中国革命史上一个战术成功案例，称作“麻雀战”典范之一。

1942 年，马白山在澄迈创立琼崖抗日独立纵队第四支队，并出任支队长兼政委，而他也被众多战友亲切地称为“西线王”。这支由马白山带领的队伍如利剑出鞘，驰骋于广阔的琼崖西区大地，很快就成为让敌人闻风丧胆的一支铁军。

1945 年 9 月 16 日，日军在广州签署投降书。多年艰苦抗日，二十多万琼崖抗日军民战死沙场，马白山也曾在敦灵战斗中身负重伤。

可就在日军无条件投降时，躲在山区的国民党琼崖守军却接到密令，出山抢夺胜利果实。12 月 22 日，儋县军民正在热热闹闹欢度抗日胜利后的第一个冬至节时，国民党派兵发动突然袭击，制造了“杨园惨案”。1946 年 2 月，琼崖内战全面爆发，琼崖特委领导全岛军民开展自卫反击战。

1947 年，时任国民党琼崖保安司令的蔡劲军，向我根据地发起疯狂进攻。12 月 9 日，时任琼西地委书记的马白山，率第四支队两个中队，在南丰至牙义公路的新溪田路段巧布伏击阵地，全歼敌保二总队加强营。

至此，由于屡遭我军运动战和伏击战迎头痛击，蔡劲军的“清剿计划”彻底告败。

蔡劲军曾倚仗熟悉海南地形，拥兵一万五千人的势力，吹嘘六个月内消灭

冯白驹

琼崖纵队出发袭击敌人

琼崖纵队，不料在一年多后，因“剿匪不力”被撤职，只身滚出琼崖。

琼崖纵队在接连溃敌中逐步取得战争主动权，转入战略反攻阶段。

而以五指山为中心的白（沙）、保（亭）、乐（东）根据地这一稳固可靠的后方，促成了从1948年秋起，我琼崖纵队对敌连续开展秋、春、夏季的三大军事攻势，取得了辉煌战果，也为迎接大军渡海作战，里应外合，解放海南准备了条件。

1950年春，马白山奉命协助解放海南战役作战部队渡海作战。

3月26日晚7时30分，加强团近三千人乘八十一艘战船，浩浩荡荡向西南方向乘风破浪前进。在午夜和下半夜，先后遭遇无风、浓雾和“东流水”，而此时已有敌侦察机飞越船队上空，情况危急。马白山审时度势，权衡利弊，果断地向刘振华提出，避开在白天与敌舰打海战的不利，就近打开缺口，强行登陆。

琼崖红军云龙改编旧址

上岸部队穿林越岭向五指山中心根据地挺进。在躲过敌人重重封锁后，此时最大的困难是没有粮食。马白山带队抄近路赶时间，教大家识别和采摘野菜、抓蛇、打山猪，以“味香无盐”的野餐充饥渡过难关，最终与琼崖纵队主力会师。

（本文选自《海口晚报》）

缅怀爷爷吴岱峰

文/吴云章　吴兰涛

吴岱峰

在中国革命的历史长河中，陕甘边革命根据地有着重要的历史地位，照金苏区是陕甘边根据地的一个重要组成部分。爷爷吴岱峰曾经在照金苏区薛家寨参加了一场壮烈的保卫战。特写此文，借以缅怀。

临危受命　浴血照金

薛家寨位于陕西省铜川市耀州区照金镇，处于桥山山脉南端，山寨海拔一千六百多米，东南西三面为悬崖绝壁，与龙家寨隔沟相望，地势十分险峻。1933年春，当年中国工农红军陕甘边区游击队利用寨内的五个较大型岩洞，分别设立了医院、修械厂、被服厂、仓库等后勤单位，并筑建了寨楼、堞墙、战壕、碉堡等防御设施，军事上使薛家寨易守难攻，一度成为陕甘游击队和陕甘边根据地的大本营。

1933年9月下旬，西安绥靖公署纠集照金周边各县民团武装上千人，趁红军主力北上外线作战之机攻打薛家寨，留守军民奋勇抗击，多次将反动民团武装击退。陕甘边区游击队总指挥李妙斋在战斗中不幸被冷枪击中，英勇牺牲。刚刚经历了红二十六军在秦岭山麓残酷战斗的爷爷临危受命，接替李妙斋职务。在山上的一处路上看到有一摊未干的血迹，战友们告诉爷爷，那就是李妙斋烈士牺牲时流下的鲜血，爷爷面对死亡，毫不畏惧，从容地走向保卫薛家寨的战

斗岗位。

10月13日，国民党第十七路军孙友仁团数千人，配属炮兵，在反动民团武装的配合下，向照金苏区发动大规模进攻，合围薛家寨。此时，周围其他地方均已失守，主力红军又在外线作战，我方留守军民仅二百余人（包括许多后勤人员），敌军在人数、武器装备、后援补助等方面都占有极大优势。在敌我力量悬殊的情况下，爷爷与将士们顽强坚守，浴血奋战，利用险要地势，防守严密，敌人屡攻不克。

10月15日，疯狂的敌人发起了密集的轮番进攻，用山炮、重机枪向薛家寨狂轰滥射，使我军阵地淹没在一片火海之中。爷爷临危不惧，沉着地指挥，同敌人进行殊死搏斗，打退了敌军一次又一次的进攻，给予敌人重大杀伤，我军也受到了较大的损失。由于十分熟悉薛家寨地形的陈克敏（陕甘游击队的一个分队长）叛变投敌，他将其驻守的战略要地龙家寨变成了反革命武装攻击薛家寨的重要突破口，把我方兵力部署告诉对方，还带着敌人在深夜从我军未曾设防的嵝崄处攀爬小树登上薛家寨。

10月16日，寨外的敌军用山炮把前山险要处轰垮，地方民团武装紧紧包围后山，加上叛徒陈克敏偷入山寨，敌人对薛家寨前堵后击，里应外合，企图彻底“围剿”我守寨军民。

爷爷和战友们为了保存革命实力，决定突围。他们选择了悬崖陡壁、怪石突兀的寨子东面突围，那里平时很少有人出入，敌人也料想不到。游击队员们用集束手榴弹连续爆炸，打开一条通路，使机关和后勤人员首先突围出去。爷爷和战士们边打边撤，组织大家用绳索、绑腿、布匹连在一起，从悬崖上吊下山底深沟里，成功突围。

爷爷和张秀山等人率领突围出来的照金游击队六七十人，继续在宜君、黄陵一带坚持游击斗争。不久，他们就越过桥山，到陇东盘克原与王吉泰、刘志丹率领的主力红军会合，保留和培养了陕甘边根据地的骨干力量。

能征善教　德高望重

在照金革命根据地处于十分危急之时，党组织任命患病在身的爷爷为陕甘边区游击队总指挥，这是基于爷爷对革命的赤胆忠心和丰富的军事斗争经验。爷爷于1903年2月26日出生在陕西省安定县（现子长县）吴家寨村一个农民家庭，自幼就热衷习武健身。正在中学读书的爷爷就深受革命思想影响，与同学相约要报考黄埔一期，请与孙中山关系密切的陕西进步人士惠有光（同盟会会员）做介绍人。惠先生说：“我先介绍你们到杨虎城在安边办的教导队去学习一年，然后再到广州黄埔学校学习两年。”从此，爷爷开启了他的军事生涯。在安边教导队，爷爷结识了张汉民（中共党员），并与其成为挚友。1927年1月，张汉民介绍爷爷加入中国共产党，

薛家寨革命旧址

中国工农红军学校旧址（象湖）

调入西安中山学院，先后任第二大队队长和第五大队队长。

1928年春，爷爷受党组织的派遣，调入第十军驻安徽太和县军校，任第三大队队长及中共地下党校总支书记，协助中共皖北特委书记、第十军地下党军委书记魏野畴同志开展兵运活动。在魏野畴同志领导下，发动了阜阳暴动，宣告皖北苏维埃政府和皖北工农红军诞生，这是安徽大地上建立的第一个苏维埃政权和第一支红军队伍。

1931年春，爷爷受中共山西省委派遣，在汾阳参加中国工农红军晋西游击队的创建工作，任副大队长。短短几个月内，晋西游击队的力量扩大到九十余人，长短枪达八十余支，在吕梁山区建立苏维埃政权和游击根据地，声势浩大，威震晋西。

1932年初，中国工农红军陕甘游击队成立，爷爷任第二大队队长。在谢子长指挥下，爷爷带领二大队率先攻入旬邑，歼敌百余人，这是陕甘游击队成立以来第一次打开县城，震慑了敌人，鼓舞了人民，激励了广大指战员。不久，陕甘游击队改编为红二十六军二团，下辖四个连队，爷爷任红二连连长。

1933年7月，红二团在蓝田县张家坪被敌人包围，爷爷和高锦纯率领红二连保持建制，顽强战斗，与刘志丹、王世泰等同志退入秦岭山区，坚持战斗近两个月，终因弹尽粮绝，被迫分散转移。9月，爷爷历尽千辛万苦，返回照金苏区养病，参加了保卫薛家寨的壮烈战斗。

1934年2月，陕甘边革命军事委员会成立，刘志丹任军委主席，习仲勋任陕甘边苏维埃政府主席，爷爷任军委委员兼参谋长。同年10月，西北红军第一所正规军校——陕甘边红军军事政治干部学校成立，刘志丹兼校长，习仲勋兼政委。爷爷受命参加了红校的创建工作，任学校军事部部长、副校长，主持红校日常工作，与马文瑞一起写教材，上讲台。

1935年2月，爷爷接替战斗中负伤的红三团王世泰团长，任红二十六军三团代理团长，率部从陕甘边进入陕北地区。在西北红军前敌总指挥刘志丹同志的领导下，转战八百里，先后攻克安定、延长、延川、安塞、靖边、保安六座县城，使陕北和陕甘边两块革命根据地连成一片，形成西北革命根据地。

战事稍歇，爷爷便承担起了创建西北红军干部学校的工作，并担任校长。1935年10月，中央红军到达陕北后，长征前的中国工农红军学校和西北红军干部学校合并，组成中国工农红军学校，爷爷任副校长。

（本文选自《陕西日报》）

“红色特工”马明

文/康景琳

1936年，十七岁的马明加入中国共产党。1937年，他参加青年抗敌决死队，走上抗日战场。1941年，马明被党组织派回家乡，从事地下隐蔽工作。此后，他又成功打入国民党党政总队情报机关，成为一名少校分队长。他利用手中的“权力”掩护同志、开具通行证，为游击队筹措奇缺的食盐。1943年，阎锡山对共产党员大肆逮捕屠杀时，马明按照组织要求撤出敌占区，前往太岳革命根据地。

解放战争开始后，马明作为新华社战地记者，跟随作战部队采访。中华人民共和国成立后，他成为新华社山西分社的记者、副社长。离休前，任分社党组书记。他的传奇经历，在山西新闻界有口皆碑。

以教师身份隐蔽工作

1941年秋，马明受中共孝义一区地下党委书记筱一领导，在阎锡山统治区——自己的家乡东盘粮村，进行隐蔽战线的工作。

东盘粮村距日、阎军据点最近处只有七公里。马明并没有恐慌，要求自己提高警惕，经受考验，克服困难，从容应对。经过地下党组织的周旋，马明很快在本村学校担任了小学教师，取得了公开活动的合法身份。

东盘粮村学校具有重视爱国主义教育的优良传统，为了提高学生的民族解放意识，增强抗战到底的决心和信心，马明利用上课的机会，揭露日军在抗日根据地“扫荡”时推行“三光”政策的残暴罪行，讲述平型关大捷、血战台儿庄的胜利喜讯，受到学生的欢迎。

1942年元旦这天，马明和教师李建庭领着师生自编自演抗日节目，编写爱国抗日救亡的墙报，引来许多百姓观看。

马　明

不料，这些活动引起阎锡山驻村村长马国辅和“同志会”特派员的注意。他俩当面查验马明的历史情况。马明说：“抗战以来，我一直在阎锡山四十七师剧团做宣传工作。”马明的回答取得了他们的信任，工作更踏实了。

不久，“同志会”特派员让马明参加反动组织。马明赶紧向筱一做了汇报。筱一向时任中共孝义县委副书记仝云请示后，指示马明可以参加，“这样更加便于隐蔽”。

赴晋西南工委学习

1942年麦收时节，有一天，筱一突然告诉马明：“仝云通知让你到太岳革命根据地沁源县中共晋西南工委学习7天。”“工委”是在晋西南阎占区地下党的领导机关，对外公开身份是“八路军一一五师洪赵独立支队政治部”。筱一告诉马明，途经汾河渡口和介休县城两道日、阎封锁线，要装扮成农民。

三天后，芦南街农民、地下党交通员白守义护送着马明前往。他是位地下工作经验丰富的同志，挑着一担西瓜、甜瓜作掩护。途中，他告诉马明一件事：不久前，芦南街党员魏德政，路过介休城外的花园村时，遇到巡逻的日伪军。本来应该稳步前行，他却慌慌张张地躲避，暴露被俘，惨遭杀害。白守义对马明说：“在敌人眼皮下走过时，只要沉住气，不慌张，就没有事。”

话音刚落，果然碰上了气势汹汹的日伪军巡逻队，但是赶集买东西的农民很多，马明与白守义很容易蒙混过关。越过南同蒲铁路封锁线，快过龙凤村时，又遇到一支日伪军的队伍，他们叽里呱啦地盘问马明。白守义懂几句日语，从容地回答：“卖瓜的良民，太君的米西米西。”他们从头到脚看了两人，然后齐步走了。

一路行来，有惊无险

夜幕降临，两人摸爬了一段崎岖不平的山路，进入沁源县境内，在南坪偏僻的山村里找到了“工委”机关。马明见到了仰慕已久的组织科科长兼中共孝义县县委书记武高和“二〇三”。后来才知道，“二〇三”是工委副书记甘一飞的代号。

在这里，马明聆听了党中央关于地下工作“长期隐蔽，积蓄力量，以待时机”的方针。马明汇报了在东盘粮村学校坚持工作的情况，武高同志提醒马明，一定要认真领会这十二字方针，防止急于求成和过早暴露。

受训过后，马明与筱一接头的时间、地点常有变化。有时晚上在他家里，有时躲在村学校钟楼偏僻的地方。

这一年，学校放暑假前，马明和教师李建庭带领着三四年级的学生，敲着鼓，吹着号，浩浩荡荡到文峪河东的北桥头村，和这所村学校的师生举行联欢会。正在表演节目时，突然从东南方向传来一阵阵枪声，是驻扎在介休县城的日伪军前来骚扰。马明立即掩护学生，快速穿越茂密的庄稼地，安全地返回。

后来得知，日伪军在东盘粮村周围的南、北桥头村，张家庄和李家庄等村，修建了五座碉堡，强迫民工挖掘了深三米宽七米的交通壕沟，准备相互连通长期驻扎。仅北桥头一个据点，就驻扎日伪军一百四十多人，对东盘粮村形成威胁。不久，筱一通知马明："县委决定你迅速转移，委任你为敌工干事，争取早日打入阎锡山的党政机构。"

为游击队筹措食盐

此后，马明经常前往姐夫家，找机会接近姐夫的堂弟张铭。张铭在国民党党政委员会山西分会在孝义主办的战地工作人员训练班任教官兼指导员。盛夏的一天，马明终于见到了张铭。经过张铭的积极举荐，马明很快被调入"战训班"，担任教官与指导员。为了便于隐蔽，马明将名字改为马力平。"战训班"有一百五十余名学员，绝大多数是来自孝义农村的知识青年。从讲课的内容和课程安排看得出，"战训班"是为了培训未来的情报人员而举办的。

马明讲授抗战形势课，既讲国民党、阎锡山军队的台儿庄、忻口战役胜利，也有意讲八路军的平型关大捷和夜袭阳明堡日军机场的胜利。

每隔一两个月，马明就和仝云同志联系一次，汇报工作情况，听取重要指示。两人接头的地点利用暗号，经常变化。一次，马明接到仝云的一项任务：

中国守军在台儿庄外围阵地坚守

六区区委书记石启明带领的难民游击队，在汾阳孝义一带活动，很长时间没有盐吃，体力不支，急需接济。而且“至少一百五十斤”！

马明利用“战训班”当教官兼指导员的公开身份，通过在军界、政界做事的亲戚、同学的关系，花高价买到二百斤食盐，装了一马车。任务要求，马明需将食盐运到兑镇交给地下党员王子珏。

马明穿着阎方的军装亲自押运，整整走了两天。后来，这二百斤盐，被化整为零由地下交通员交给了石启明游击队，解了燃眉之急。

巧妙布局全身而退

1943 年 5 月，“战训班”结束，改编为国民党党政总队第三大队，马明被任命为第十五分队少校分队长，下设五个小队。按照上边布置的任务，马明派出五名队员，潜入太原、平遥、介休等日伪军占据的城镇摆摊设点，搜集日军、伪政权的政治、军事、经济情报和日伪军调动、武器装备情报。收集到这些情报，马明除上交大队部外，从中挑选出一些重要的军事、政治情报，及时上报筱一，再经过仝云送交中共晋西南工委。

这期间，马明还向筱一、仝云提供搜集到的重要情报。如阎锡山派第七集团总司令赵承绶到孝义白壁关村，与驻汾阳县城日军岩松旅团宫内参谋达成协议，日军从孝义城撤出，交阎军接管等。

在这期间，马明利用职务便利，还为我党地下交通员史锡祯、韩仁礼开出“通行证”，方便他们在日占区与阎占区往返活动。

这年 11 月，是刻骨铭心的岁月。阎锡山在晋西南各县，推行了“反共”大逮捕运动，晋西南各县陷入白色恐怖。孝义县被“政治流工队”抓捕的共产党员、八路军、牺盟会、决死队“嫌疑分子”、抗战军人家属多达五百人。阎军逼迫他们交代和共产党的关系。

马明的家乡东盘粮村，一天内被捕的“嫌疑分子”就有十多人。筱一、仝云得知这一情况后，通知马明迅速撤出，到沁源“工委”机关报到。

马明决定要走得不引来怀疑，不使家人与身边的同志受到牵连。马明公开说他前往太原搜集日伪军频繁调动的军事情报。到太原后，他住在水西门外的一个种畜站。

“我找的那个同乡叫张福林，人很好，我从没有向他透露过自己的真实身份。”

马明在种畜站住了一晚，第二天起床，告诉张福林去街上转转，就这样不辞而别。然后坐火车从太原到介休，过了铁路，就到了敌占区与根据地的边缘地带。又走几十里山路，进入沁源县，找到了“工委”，找到了党的组织。

事后，马明才知道，他布下的失踪假象，蒙蔽了阎锡山方面的有关单位，后来他们到处寻找，最终在张福林处得到“马明在敌占区太原失踪”的情报后，不了了之。就这样，马明没有给身边人带来灾难，利利索索地从“地下”转入“地上”。

自此，马明开始作为新华社记者，跟随人民解放军南征北战，成为一名战地记者。

（本文选自《山西晚报》）

千方百计送信

文 / 李晋华

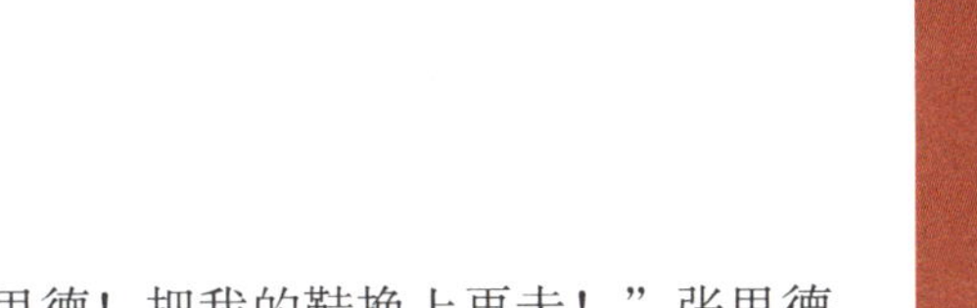

“延安革命纪念馆藏品”张思德塑像

1940 年春天，张思德被分配到中央军委警卫营，担任通信班班长。当时条件很差，也非常艰苦。那时候，送信没有交通工具，甚至连雨衣都没有。

千方百计送好信，是张思德最大的愿望。他凭着对党对人民的一颗红心，凭着对敌人的刻骨仇恨，用两只铁脚板，跋山涉水，克服各种困难，一次又一次胜利地完成了任务。

有一天，鸡刚刚叫过头遍，天上还是满天星斗的时候，张思德被叫到营部。营长交给张思德一封信，认真地说：“这是一封很重要的信，你马上出发送到南泥湾，明天天黑之前，务必带着收条回来！”张思德答道：“是！”他把信揣进怀里，敬了个礼，急步走出窑洞。营长好像发现了什么，追出窑洞，喊了一句：“张思德！把我的鞋换上再走！”张思德一边走一边说：“不——用——啦！”

从延安北桥儿沟到南泥湾有九十多里路，都是土路。张思德一路攀山、爬坡、走小道，没走多远，脚上的草鞋就磨飞了。他光着脚板走了一段路，山上满是石头、荆棘，脚趾被石头碰破，脚面也被荆棘拉破几条口子，直流血。怎么办？走得太慢，怎么按时完成送信任务呢？张思德心里很着急。他向周围看了看，跑到一棵老桦树下，整齐地剥下几层桦树皮，叠在一起，又在山坡上找了一些马莲草，搓成绳子，把桦树皮串起来，绑在两只脚上。就这样，张思德穿着自己亲手做的“桦皮鞋”，忍受着疼痛，提前赶到了南泥湾，出色地完成了送信任务。

（本文选自中国教育信息网）

正在和战友烧炭的张思德（左）

“善战爱兵爱民”的王麓水

文 / 郭广阔

在全国爱国主义教育基地——临沂华东革命烈士陵园庄严、肃穆的群墓中，长眠着六位解放战争中壮烈牺牲的解放军高级将领，其中一位就是被毛泽东称为很有“将才”的时任山东军区第八师师长兼政委的王麓水将军。

王麓水，又名王培岳，1913 年 1 月 13 日出生在江西萍乡，七岁上私塾，后又读了达成师范学校。十四岁的王培岳便参加了中国共产主义青年团，后回乡参加农民运动。1929 年参加中国工农红军，1932 年加入中国共产党，参加了中央革命根据地第一次至第五次反“围剿”作战，1934 年 10 月随中央红军长征。抗日战争全面爆发后，任八路军一一五师三四三旅六八五团政治处主任，参加平型关战役，身负重伤。1938 年率部参加开辟晋东南抗日民主根据地。1940 年夏率部挺进山东，在沂蒙山区战斗生活了五年。

参加沂蒙抗战

1943 年春，王麓水奉命从海滨来到鲁南，出任中共鲁南区委书记兼鲁南军区政委。此时，日军正调兵遣将，疯狂发动“大扫荡”，对沂蒙抗日根据地进行分割蚕食。王麓水深入沂河游击区，根据这一地区抗战形势的发展变化，提出平原抗日武装经过化整为零、分散隐蔽斗争，已取得初步成绩，现在要集中力量，歼灭敌伪有生力量。鲁南区委及临沂县委对抗日游击控制区的形势进行了研究，对伪、顽、匪三料俱全的张思俭部，制定了打击方案。7 月 4 日黎明，将武河以西、二庙以南方圆二十余里的伪军张思俭部包围，当日黄昏，连续攻克了芦塘、湖埠、沙墩、二庙、孙家庄、店子、赵家楼等十多个据点，毙伤伪军数十人，俘伪军官兵五十余人，缴手炮一门、长短枪一百二十余支。

1945 年 7 月，根据山东军区的命令，鲁南部队配合鲁中部队发起临（沂）费（县）边战役，17 日至 19 日，鲁中军区第四团、第九团、第十一团全部及地方武装一部，攻克费县西北、东北日伪据点上冶、诸满。此役，共歼灭日军一个小队，毙伤俘伪军五百五十余人，进一步孤立了费县和临沂守敌，也将各解放区基本连接在一起，为向日军大

反攻，夺取抗日战争的最后胜利打下了基础。

鲁南消灭土匪七十二个司令

鲁南号称有七十二个土匪司令，其中最大、最凶恶的土匪头子是盘踞在费西柱子山的“刘黑七”。刘黑七，原名刘桂棠，惯匪出身，手下多是亡命之徒，素常保有万名匪徒。抗日战争全面爆发后，刘黑七两次投靠日军，充当日本侵略者的走狗，配合日军“扫荡”抗日根据地，所到之处，无恶不作，广大人民群众对其恨之入骨。

为了消灭刘黑七，王麓水等制定了详细的作战方案，定于1943年11月15日用两个团的兵力，向离根据地六十里远的匪巢柱子山奔袭。

午夜时分，五团向柱子山（今临沂市费县西南十七公里处）发起进攻，三团布下四道包围圈，从几个方向向柱子山发起猛攻。战斗进行得十分激烈，王麓水坐镇前线亲自指挥。忽然，一颗飞来的炸弹将王麓水炸晕。但醒来后，他依旧站在原地不动，沉着地指挥着战斗。经过一天激战，终于全歼这股匪徒，刘黑七被击毙，毙敌伪二百四十人，俘一千余人，同时解救了被押的壮丁、妇女五百余人。

王麓水

这次战役在山东乃至全国引起了很大反响，延安新华广播电台连续播发了鲁南军民击毙刘黑七的消息，山东军区特令嘉奖了鲁南参战部队，击毙刘黑七的功臣何荣贵获山东军区甲等战斗英雄称号。

此后，王麓水率部用了一年多时间，以排山倒海之势，所向披靡，在核桃峪消灭刘玉华一个团，在陡沟庄俘虏了伪军上千人；在天井汪打掉刘国祯师一部，在房前活捉了李子瀛，在邳北宿羊山打垮了刘裴然，在边联解决了梁麻子，先后除掉了七十二个土匪司令中的大部分汉奸、土匪。

战事频繁，军务倥偬，王麓水到三十一岁还没有结婚。1944年秋，局势稳定了，经组织介绍，王麓水和在鲁南军区医院工作的护士于鼎兰结婚。婚后夫妻见面甚少，一次战斗之后，王麓水挤出半天的时间，到军区医院去看望妻子。到了那里，见着许多伤员，一向爱兵如手足的王麓水忘了自己来的目的，他走家串户，挨个问候。等想起去看于鼎兰时已是晚上。他来到于鼎兰正护理的重伤员处，问候过那位重伤员，已到了归队的时间。夫妻俩深情地握握手，他在娇妻的肩头轻轻拍了一下，出门骑上马，飞奔鲁南军区机关驻地去了。

滕城古垣留英魂

1945年12月12日，山东军区八师根据津浦前线指挥部的命令，在兄弟部队的配合下，发起了解放滕县的战役。

12日晚9时，八师三个团根据预先下达的任务，分别从东、西、北三面同时向守敌发起进攻，激战至13日中午

沂蒙抗日根据地反“扫荡”

12时左右，我二十二团全部占领东关，守敌除有少部分在混战中仓皇逃进城去外，其余大部分被歼。

下午2时左右，八师师长兼政委王麓水由指挥所来到了二十二团，和团长王吉文冒着零星的枪炮亲临前沿阵地。这里距离城门不足二百米了，是突击队、爆破员的出发位置。战士们和连排干部，看到师长、团长都来到最前沿了。当走到一座院落时，突然一颗炮弹飞来，在他们面前爆炸，王麓水胸部被炸伤，当即昏倒在地，鲜血直流。当卫生员赶来把他抬上担架时，他只是微微睁开眼睛，低沉而断断续续地说：“同志们……战斗……胜利……”就停止了呼吸，时年仅三十二岁。

“化悲痛为力量，向敌人讨债！”“为王师长报仇！为人民报仇！”成为广大指战员们的共同心声。我军从东、西、北门冲进来，汇成强大的洪流，势如破竹地夹击敌人，打得敌人丢盔弃甲，纷纷退缩到西南角的几个院子里，随后被我军团团围住。在我军强有力的政治攻势和强大的军事压力之下，敌方旅长李华于14日凌晨2时率所属三个团向我军投降。4时，全城战斗胜利结束，滕县城遂告解放。

1946年1月24日，经上级批准，滕县易名麓水县（同年5月把双山县改名为麓水县，滕县恢复原称）。山东第八师机关报《前线通讯》改为由陈毅亲笔题写报名的《麓水报》。陈毅称赞王麓水：“麓水同志以善战爱兵爱民见称，故阵亡之日闻者莫不流涕，不愧模范党员。”王麓水牺牲后，先葬于苍山文峰山，中华人民共和国成立不久，遗骸迁葬至华东烈士陵园，党和国家领导人朱德、董必武、陈毅等分别为王麓水墓碑题词。

（本文选自《大众日报》）

郑海啸——铁血丹心铸忠诚

文 / 廖小清

郑海啸

郑海啸（1900 年—1987 年），浙江平阳人，1933 年 6 月加入中国共产党，历任中共平阳县赤卫队队长、瑞（安）平（阳）中心县委书记、平阳县游击队政委、中共浙南特委常委和温州专署首任专员、省民政厅副厅长、省政协常委等职。

崇学上进得民心

1900 年，郑海啸出生于贫农家庭，曾读过三年私塾，在当时算是文化人。十五岁开始，他就随父亲务农，劳动之余喜欢学武，在当地小有名气。郑海啸先后被群众推选为村和乡农会会长，带领大家开展减租斗争。

“大家都团结起来，力量就大了！”当时，郑海啸深刻感受到团结群众和提高大家文化素质的重要性。于是，他与大家商量，把村里的私塾改为凤林初级小学，让更多农家子弟有机会读书。村民举双手赞成，并推选郑海啸为校长，兼任教员。学校没有课桌椅，郑海啸就带头把家里准备修房子用的木头捐献出来。学校办起来后，郑海啸又对困难家庭学生减免学费。

郑海啸与党结缘，是因一次偶然的

机会。1930年5月，中共平阳县委决定着重向北港开展工作，便来到凤林初级小学找到郑海啸，向他宣传革命道理和共产党的政治主张，郑海啸当场就提出参加共产党的愿望。1933年6月，郑海啸正式加入中国共产党。次月，组织决定郑海啸参加凤卧乡乡长竞选，在群众支持下，他顺利地当选为国民党政府的凤卧乡乡长。此后，他一面做党的秘密工作，一面以乡长的身份公开在社会上层活动，从中了解国民党地方组织内部情况和县、区政府的动态，处处抓住有利时机为党工作。由于工作出色，中共浙南特别委员会任命郑海啸为中共平阳县委书记。

一心为公干革命

由于郑海啸在当地打下了较好的群众基础，这里已经成为党开展各项活动的一个重要地点。1937年9月至1938年3月，省委机关、挺进师在凤卧、山门期间，郑海啸依靠当地党组织，既解决了部队和机关人员住、吃、穿等生活问题，又千方百计让大家的生活过得好些，以保证训练、学习和工作的顺利进行。

1937年冬天，由于部队指战员没有棉衣、棉被，郑海啸就派人买来棉布、棉花，请来几十位裁缝师傅，并发动妇女协助赶做，及时发给指战员。寒冬里，郑海啸仍盖着一条破旧的薄棉被，因为“新棉被是给新来的同志准备的，弄脏了不好”。

凭着这种一心为公、无私奉献的精神，郑海啸以实际行动感动了不少人，也增强了当地党组织的号召力。据统计，到1939年冬，全县党支部从1937年的五十八个发展到九十八个，党员从四百零七人增加到一千八百六十人。

因此，1939年6月，省委决定在平阳召开党代会，并由郑海啸负责安全保卫和后勤工作。当年7月21日至30日，省第一次党代会在平阳成功举行，大会选出了出席党的第七次代表大会的代表，并选举产生了新的省委。

满腔热情坚如钢

郑海啸与子女合影

1940年至1942年，对郑海啸来说是最悲伤的三年，他连续失去了三位亲人。他的妻子——平阳县委凤林交通站站长金澄梅，为严守党的秘密，被顽军用枪托打成重伤，不治身亡；他的胞弟郑志荫，带领一个武工组到公阳开展工作，遭顽军包围追杀；他的大女儿郑明德，随武工队到平西区工作，完成任务后返回

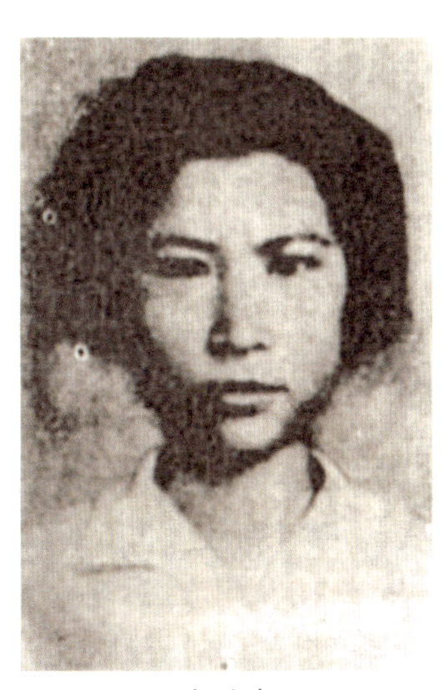

郑明德

平阳县委机关途中，不幸被捕。

这期间，郑海啸的情感经受了巨大的压力和冲击。特别是郑明德被捕后，武工队同志多次向郑海啸要求去劫狱。但郑海啸为了保证大家的安全，坚决拒绝。郑明德在监狱里表现得极为坚强，经受了平阳县县长张韶舞的种种威迫利诱和严刑拷打，让敌人一无所得。

后来，老奸巨猾的张韶舞，使出一个更加恶毒的办法。他托人捎信给郑海啸，要郑海啸写一封信给他，只需说明郑明德年小不懂事，就可以释放。郑海啸十分干脆地答复道：“我们抗日，他们‘反共’，没有什么好写的。”张韶舞不死心，第二次捎信来，说只要郑海啸写上“请释放”三个字，就马上放人。但郑海啸决定一个字不写，因为他知道，张韶舞想拿他的字到群众中去做文章，破坏党的声誉。

就这样，1942年6月27日，郑明德在平阳县城英勇就义。后来，国民党还烧了郑海啸的房子，甚至挖了他的祖坟。但所有这些，丝毫没有动摇郑海啸革命到底、为共产主义奋斗终身的信念。

（本文选自《浙江日报》）

赤胆忠心为革命
历尽艰险仍从容
英名永留浙南境
风骨铮铮一劲松
缅怀郑海啸同志
甲申年夏 薛驹

原中共浙江省委书记薛驹同志为郑海啸同志所作的题词

血雨腥风中的潜伏英雄

文/杜　颖　王莉雯

解密琼崖红色档案

在漫长的历史进程中，从事过党的地下工作的革命者，只有少数人能够幸存下来。

根据1982年广东省民政厅整理编写的《革命烈士英名录》中的记载，琼崖地下交通英烈总计一千零一十六人。地下交通、情报、联络是我们党在民主革命时期革命斗争的一个重要组成部分，实际为这段斗争历史而牺牲的革命英烈远不止这个数字。在长达数年的“潜伏”岁月里，他们中很多人都是以茶店、书店、鞋店等经营方式为掩护，在党组织的领导下，暗中开展革命工作，运送物资、传递信息、收集情报，在敌统心脏地区开展惊心动魄的工作。他们出生入死，历尽艰辛，是中国革命真正的无名英雄。

苏发皇：探军情装“神棍”送情报

苏发皇（海口苍西村人），1938年参加中国共产党，1940年开始做联络员工作，受党的委派，打入敌人内部，当过伪维持会副会长、伪政府保长等。

1940年的一天，日军派重兵对苍东、苍西两村进行“大扫荡”，村民苏连诗等多人被杀死，庄思敬、庄连禄被抓，押到了府城的琼海中学的坡地上，用刺刀剖腹致死。

这一年，吴克之带领的一支队伍有一千多人在羊山地区活动，日军知道后，便进行封锁，发现有群众上山，抓住必杀，前方也因此缺少粮草。

苏发皇想尽一切办法，为被困在山上的部队送粮。有一次，他以当地风俗为掩护，由十多人扮演成迎亲的队伍到昌应村接亲。其中，有几个人挑米，米

的上面放着大饼，还有几个吹吹打打的。苏发皇刚到羊山路口就遇上了敌人。日军先把大家集中起来，接着问："你们要上哪里去？"苏发皇回答"要到昌应村去接新娘"。敌人吓唬说："谁是新郎官，快站出来，不然就杀头！"之前没有商量，迫在眉睫的关头，苏发皇挺身站出，自告奋勇称自己是"新郎"。苏发皇以为这样敌人就可以放走大家了，不料，反而被敌人重重打了几巴掌。尽管如此，苏发皇最终还是成功通过了敌人关卡，将粮食送到羊山。

解放战争时期，苏发皇依然承担着繁重的地下工作任务。1947 年大部队调回羊山，仅有一个中队加一个小队一百多人驻扎苍东。一天夜里，一位群众来苍西村报告苏发皇，说敌军已经包围了苍东村，必须设法通知部队赶快撤离。

苏发皇曾做过"斋公公"，就借着这个身份，手里拿着一本迷信册子出村了。他从荆棘丛中钻进了苍东村，将情况报告给了部队，部队迅速撤离了村庄。敌人很快发现了，一把劈开了村门，冲进了村里，苏发皇离开村庄显然已经不可能了。他急中生智，赶快转身回到一个村民家中，在他家正堂的神台前，把剩下的干饭捏成饭团摆放在神台上，然后烧香、点烛、作揖、跪拜，装扮成朝拜神灵的模样。即便这样，敌人进屋搜查后还是把苏发皇绑了起来，无论苏发皇怎样解释自己是做"斋公公"的，敌人都不理会，把他吊起来用乱棍毒打。而在受刑时，苏发皇沉着冷静地周旋。敌人怀疑地问："你说你做'斋公公'，念一段出来听听！"苏发皇很快流利地念了出来。敌人仍恼怒，又对苏发皇劈头盖脸一顿毒打，因没有找到确凿的证据，最后把苏发皇放了。

陈香钊："地下航线"为琼崖运回军用物资

陈香钊（文昌东阁人）曾于 1938 年底在英国伦敦参加了一次工人大罢工，而被英国政府当作共产党遣送回新加坡，不久，陈香钊从新加坡回到了香港。当时，香港各界都在掀起轰轰烈烈的抗日救亡运动，陈香钊对日本侵略者感到极大的仇恨，对同胞无限同情。他加入了"余闲乐社"（海员俱乐部），在"余闲乐社"的领导下，给予同胞经济救济，援助琼崖抗日队伍，于 1940 年 6 月加入中国共产党，从此走上了革命的道路。

由于从香港、澳门转运的物资大多数是军用物资，敌人检查严密，因此经过多方商议，当时琼崖抗日武装队伍决定在湛江寻找一个可靠的收货点，以收货点的名义经商，去香港、澳门购运货物，并以一般货物做掩护帮助运输军用物资。陈香钊于是从香港赶到湛江，几番寻找，找到了当时的进步人士、"裕泰行"经理黄守绪。黄守绪思想进步，很爽快地答应了。第一次，陈香钊将一批雷管、铜片、药品运回琼崖，把这些物资藏到了鱼肚里，混过了敌人的检查，运抵了湛江"裕泰行"，然后由湛江办事处负责转运回琼崖独立队总部。香港、澳门、湛江这条"地下航线"，为琼崖抗日队伍运送了大批的军用物资，这条"地下航线"一直活动到 1941 年香港沦陷为止。

1941 年，陈香钊回到琼崖，分配到总队部当庶务长（供给科员），负责购买军用物资。有一次，日军将一艘运货船打沉了，船上橡胶都漂浮到铺前、翁田沿海一带海面，陈香钊组织人打捞出来

吴必兴

准备销往湛江，结果货物还没售出就被伪公安局局长发现，将货物没收。后来，陈香钊和黄守绪商量许久，决定一同出面，找到伪公安局局长的哥哥詹松年，因为过去黄守绪曾跟詹松年有过生意往来，通过一番活动，陈香钊和黄守绪才将货物拉了出来。

苏君育：冒险穿越封锁线运送电台

1939年海南岛沦陷，为了支援琼崖抗日斗争，琼崖特委和琼崖抗日游击独立总队指示，要在徐闻建立一条琼崖至广州湾的地下交通联络线。琼崖驻广州湾办事处负责人是谢李森、张刚等人，他们到徐闻沿海和县城一带巡察地形，拟定计划后，于1940年1月在琼山龙塘墟建立以“良友茶店”为中心的地下交通联络站，还在锦山、打银、海仔等地设立分站，负责护送来往人员和转运物资到琼崖，苏君育当时就负责茶店的经营业务和外勤工作。

当时运输的物资，都是以“南洋华侨救济会”的名义，多数是军用被服、生活用品等。但有一次，苏君育他们运送了一部大型电台。这部二百多公斤重的大器材是如何运抵的？据苏君育回忆，当时他们雇用了大塘村唐国珍的船来承运，将电台拆分，一部分用木箱装订先藏在海边石洞里，另一些装在紫红色的皮箱里，藏放在村民家中。

藏了没有几天，这部电台就由小帆船沿海岸向东场港运去打银站。当时有几位同志乘坐小船一起过去。但是，这部大型电台在西营交货时，曾被法帝巡捕拦截住，当时负责接收货物的谢李森有些不知所措，而同行的吴必兴挺身而出，对法帝巡捕说这是新式农具，买回琼崖办农场用的，又掏了钱给巡捕当“饮茶费”，才得以被放行脱险。

由于这条交通线人员往来多，转运货物频繁，路线很长，1941年8月暴露，国民党县政府派兵封闭了“良友茶店”，追捕苏君育，并且扣押了他新婚的妻子和堂弟苏君瑞，后经多方营救才被放出狱。茶店被查封后，这条交通线从此断了。至1948年间，敌军盘踞龙塘墟，拆去了茶店全部门板做炮垒，1949年放火烧光了茶店。

（本文选自《海南日报》）

红军雪夜歼“屠夫”

文 / 孟先锋　向永德

在冷兵器时代，骑兵的战斗力和对敌杀伤力都非常强。而在红军长征时期，由于我军缺乏对付骑兵的战斗经验和办法，加之多为装备简陋的步兵，使敌人的骑兵仍能凭借其优越的机动性和强大的冲击力对我军逞一时之强。

1935 年夏，中央红军长征进入川西北后经常遭到敌骑兵的袭扰。敌人充分利用战马的速度优势对我军实施追击、包围和偷袭。如何发挥步兵之长击退敌骑兵便成为当务之急。

中革军委对骑兵受地形因素影响大、水草地不利于骑兵速度优势发挥的特点进行了分析，将不同情况下与骑兵作战的战术方法与红军实际相结合，对如何克制敌骑兵做了明确的指示。红军前敌总指挥部参谋长叶剑英更是深入前线，亲自讲解步兵与骑兵作战的战术原则。他对战士们说：“打骑兵必须沉着应战，集中火力，基本诀窍和经验是射人先射马，把马射倒后，人就好打了。”为了防止红军队伍在草地里行军遭敌军骑兵攻击，叶剑英还下令先头部队宿营时在前沿修起不低于半人高的土围子。这样一来，无论何时与敌骑兵遭遇，红军都可以借助这些掩体进行还击。

经过周密的计划和紧张的训练，我军各部逐步掌握了打敌骑兵的战术要领，信心也越来越足。时任中央红军第一军第二师第四团书记员的廖步云和战友们都等着敌人再次送上门来，好好出一口恶气。

很快，机会来了！

1935 年 8 月下旬的一个晚上，气温骤降，天空中下起了鹅毛大雪。中央红军第一军政委聂荣臻命令部队就地休息。这时，西北方向突然传来一阵嘈杂的马蹄声，随着马蹄声越来越近，上百盏闪着光亮的马灯也越来越清晰。

“是国民党的骑兵团！”根据来敌

叶剑英

的方向和嚣张气焰，聂荣臻果断做出判断。随即，他命令红二师的第四团和第五团迅速做好打敌骑兵的战斗准备。

五十米……四十米……只听第四团政委杨成武大喊一声：“打！”廖步云和战友们扣动扳机。一阵猛烈的枪响过后，敌人的战马纷纷倒下，马背上的敌人被掀翻在地。侥幸带马冲过土围子的敌骑兵见墙后有人，挥刀就砍。英勇的红军战士并不惧怕敌人凌空劈来的马刀，他们将训练中的战术运用到战场上，纷纷朝敌人的马肚子底下钻，并顺势将马腿砍断。只听声声嘶鸣传来，一匹又一匹战马轰然倒下，还没等敌人挣扎着站起来，就已经被我方歼灭。

与此同时，迂回到敌人侧翼的第五团向敌人发起了猛烈的攻击，敌人一时阵脚大乱，马匹相互冲撞，不少敌人从马上摔下后被活活踩死。一向自恃马快枪疾，当惯了所谓“步兵屠夫”的敌骑兵团万万没有想到竟会遭此重创。经过两个多小时的激战，敌人损兵折将，落荒而逃。

此役，红军缴获战马四十多匹，还有一批制作精细的鞍鞯，除几名战士轻伤外，没有一例重大伤亡。

（本文选自《解放军报》）

红军走过的水草地

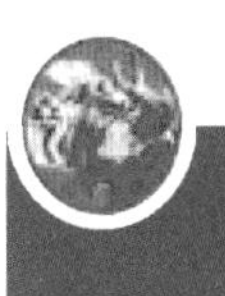

回顾太原城下的日日夜夜

文 / 王明在

备战太原战役

1948年7月，晋中战役结束，我华北野战军第一兵团十五纵队四十四旅一三〇团三营九连（后改为十八兵团六十二军一八五师五五三团三营九连）驻榆次县龙田村休整，为进攻太原做战斗准备。

东山，是太原的屏障，历来为兵家必争之地。阎锡山用了近十年时间和大量的人力物力，在东山上修建了三千多个钢筋水泥碉堡，在北起牛驼寨，南至山头，长达八公里的防御线上，修建了牛驼寨、淖马、小窑头、山头四大要塞。每个要塞都包括三个至十五个大小山头和村落，几十个钢筋水泥碉堡和野外工事，这些构成了坚固的集团防御阵地。这四大要塞，距城垣二至十五公里，低于东山主峰二百米，高于太原城区三百米，可直瞰城垣，是阎军在太原外围的主要支撑点，也是我军进攻太原的最大障碍。

针对敌人的钢筋水泥碉堡防御工事，我军休整训练的主要内容，就是如何用炸药攻打碉堡阵地。每天上午，我们九连就到村外挖野战工事，演练用炸药爆破鹿寨、铁丝网、外壕、峭壁、碉堡等各种战术。上级要求每个干部战士不仅要学会使用炸药包，而且要学会制作炸药包。为此，战士们充分发挥自己的创造才能，把面粉口袋做成大型炸药包，重二三十公斤，用于爆破战壕、峭壁和碉堡；用小布口袋和卸了铁壳的手榴弹做成小型炸药包，专攻敌人火力点；用长型干粮袋做成炸药包，专用于爆破铁丝网。这些形状各异、大小不同的炸药包，在攻打东山钢筋水泥碉堡的战斗中，发挥了巨大的威力。

太原战役提前打响

晋中战役结束后，阎军残部全部龟缩到太原。我军原计划于1948年10月18日开始太原战役，但在10月2日，龟缩于太原的敌人派出七个整编师和二个预备师出太原向小店地区反扑抢粮。三日，敌军四十四、四十五师和亲训师一部进占了太原城南我军防线小店、南畔、巩家堡一线；第四十、四十九、七十三师和十总队等部同时进入小店以东铁路线上的狄村、南北王铭和西温庄地区。为诱敌深入，我军守小店部队主动后撤。4日，我华北野战军第一兵团抓住敌人脱离碉堡工事掩护的有利战机，命令第八、十三、十五纵队和西北野战军第一兵团第七纵队（后改为第七军）立即投入战斗。以八纵由南向小店之敌攻击；十三纵附晋中三分区部队向南畔、南黑窑、西温庄之敌攻击，并以一部插入小店以北，控制城西村，断敌退路，同时以炮火控制武宿机场；七纵一个旅附晋中二分区部队，由小马村强渡汾河，插入小店以北，切断小店至太原之公路，断敌退路，打敌增援，主力相继东渡，向东北扩张战果；十五纵主力向狄村方向进击，歼敌四十九师，以一个旅控制铁路线之辛营，切断敌七十三、四十师和十总队的退路，策应我十三纵队歼敌四十四、四十五师等部；七纵十二旅和陕甘宁两个警备旅，则要攻占太原东北前后李家山，以野炮控制北飞机场，而后占领风格梁、窑头、西沟煤窑等。4日晚，各部乘夜秘密开进。

开战前彭德怀亲赴太原前线视察

我部接到命令后，马上停止野外训练，填埋工事，平整耕地，撤回驻地进行作战准备。5日拂晓，太原城南外围战打响。当夜，我十五纵队向太原南郊的狄村、武宿、辛营、流村和鸣李之敌发起攻击，一三〇团进占什贴镇一带。经一夜激战，我军全歼突击至小店、南畔的敌军两个师。太原战役提前打响。

我军乘虚夺取东山

10月6日，乘敌分兵小店、东山空虚之际，十五纵队奉命向东山老坟一带进攻。我连战士各扛一块老百姓的门板（重二三十斤）跑步向老坟前进，门板又厚又重，压得人喘不上气来。7日，我团占领老坟，继而攻克东贾洼高地和山头以东阵地。从15日开始，我军夺取东山的战斗全面展开，以主力自南北插入，直指四大要塞，将守备东山主峰之敌与太原，拦腰切断。每当进入夜晚，东山上的枪声、炮声、手榴弹和炸药包的爆炸声便不绝于耳。经过二十余天奋战，我军迅速逼近四大要塞，战斗进入最激烈的阶段，敌我双方都集中主力投入了战斗。我十八兵团八纵、十三纵、十五纵和西北一兵团七纵，共投入二十七个半团的兵力，于10月26日晚，同时向牛驼寨、淖马、小窑头、山头发起攻击。敌军除守卫西、北、南三面的少数部队外，其他各师也都加入了防守反扑战斗。

解放军攻入太原市区

解放军十八兵团强攻太原外围要塞

解放军向双塔寺要塞发起进攻

四大要塞争夺战就此展开。

根据太原前线指挥部的命令，我七纵队再攻牛驼寨（21日第一次攻占），八纵队攻击小窑头，十五纵队攻击淖马，十三纵队攻击山头。淖马要塞主阵地，碉堡林立，周围有五层峭壁，每层高四至五米，峭壁上下和两侧都有低碉、暗堡、地雷、鹿寨、铁丝网等防御工事。从主阵地两边到淖马村，敌人利用南北山梁环抱险要，构筑了六个碉堡，各碉堡相距五百至一千米。淖马村西头是一条南北向的深沟，沟西边是敌炮碉阵地和八、九号碉堡，这些碉堡和阵地构成了淖马坚固的防御体系。守备敌军有阎军精锐八总队、保安六团、四十师及蒋军嫡系部队三十师二十七旅八十一团。27日清晨，我十五纵队四十三旅攻占主阵地后，四十四、四十五旅从右侧乘胜夺取主阵地以西的六个碉堡群。我团负责攻打一、二、三、六号碉堡，我三营九连负责攻打六号碉堡。该碉堡在淖马主阵地与淖马村之间，阵地上有外壕、鹿寨、铁丝网、峭壁和地雷区防御工事，并与其他碉堡用交通壕贯通。11月1日晚，我九连向六号碉堡发起攻击，突击队、爆破组、投弹组沿预先侦察好的突击路线，利用地形掩护，向六号碉堡迅速接近。但很快就被敌人发现了。敌人的机枪、步枪、重型手榴弹、照明弹、燃烧弹一起向我们开火，阵地上顿时火光四射，爆炸声震耳欲聋。与此同时，我军的轻重机枪也开始猛烈射击，压制敌人火力。我连爆破组在机枪掩护下，连续实施爆破，突击队、投弹组迅速跨越外壕，穿过鹿寨、铁丝网，借一人多高的峭壁掩护，向阵地上猛投手榴弹。我们三排二三十人，负责往前沿阵地运送手榴弹。手榴弹用柳条筐装着，每筐装四十枚，五六十斤，每人每次要扛一筐，跑步翻沟越坎，把手榴弹送到投弹组战友们的手中，以保证战斗需要。我用尽全身力气，背着十几颗手榴弹，跑到突击队前沿，跟战友们一起，把手榴弹不停地往阵地上扔去。因是夜间作战，阵地上的情况看不太清楚，估计地雷已被引爆。刚刚调来的司号员吹响了冲锋号，我们立即向敌人阵地上冲去。守碉堡的敌人一部分向后逃窜，一部分被我们堵在碉堡内束手就擒。至此，六号碉堡阵地完全被我军占领。战斗中，我连司号员和几个战士负伤。老战士戏言，九连就是没有司号员的命，来一个伤一个。连长蔡光耀命令我们赶快整修工事，准备迎击敌人反扑。大家不顾战斗疲劳，马上疏挖战壕，把埋在土里的敌人尸体挖出来，垒在战壕胸墙上，加高防御工事。天亮后，兄弟连接替防务，九连顺利地完成了上级交给的战斗任务。

至11月12日，东山四大要塞全部被我军攻占。这场恶战，是太原战役最紧张最激烈的战斗，各要点阵地，我军一次又一次攻占，敌人一次又一次进行反扑。阵地上焦土三尺，尸体成堆，敌军损耗一万余人，我军伤亡八千五百人。

东山被占领后，太原城完全暴露在我军控制之下。夜间，从东山远眺，城内闪烁着点点灯光，阎军的铁甲车还在沿环城铁路昼夜不停地巡逻着。此时，我太原前线指挥部接军委命令：为配合发起平津战役，牵制傅作义，防其弃京、津、唐（山）、张（家口）向南或向西逃窜，暂缓解放太原。故从1948年11月16日开始，我军逐渐转入防守休整阶段。

夜探淖马村

从10月26日开始，我十五纵队经数日激战，在连续攻占了淖马村头的主阵地和一至六号碉之后，与敌淖马炮碉阵地和八号、九号碉隔村对峙。为了摸清淖马村内的情况，我连决定派人到村内进行侦察。某日夜，副连长葛全福带领我（时任通信员）和一名班长执行了这次侦察任务。淖马村两边的山脊上铺着一层白雪，为了适应地貌，我们三人进行了伪装，反戴棉帽，反穿大衣（里子是白色的），外系皮带，腰插短枪，在夜幕掩护下，悄悄地爬出前沿战壕，小心翼翼地向淖马村摸去。到了村边，我们停下来仔细观察村里的动静，未发现敌情，我们便迅速进村。在一孔窑洞外，透过破烂的窗纸，借着微弱的灯光，只见一位老大娘依偎在炕头，没有其他人出现。我们没有进屋惊动老人，又摸到村子两边查看，仍未发现敌人。搞清村内敌人已全部撤退后，我们迅速返回阵地。

解放军某部尖刀八连突破峰西要塞，继续向工厂区进攻

难忘的战地艰辛

冬季，坚守前沿阵地的各连、营、团之间，全部以战壕连通，战壕上面用门板、原木、土覆盖着，以掩蔽我军阵地和部队行动。战壕两边挖有隐蔽洞，每个洞内能容纳三至五人，这是在前沿阵地担负战斗任务的战士们休息的场所。隐蔽洞阴湿、寒冷，严重地侵袭着战士们的躯体。半夜冻得睡不着，大家就把炸药包里的黄色炸药（TNT）稍稍地倒在地上一点，用火柴点着，借着一点黄色的火苗，烤火取暖（少量炸药点着不会爆炸）。吃饭也很难保证，炊事班往前沿阵地送饭，要通过敌人的封锁线，有时炊事班无法通过，战士们只好吃一点随身携带的干粮（炒面）；有时菜桶被打翻，炊事班只能送来一点小米饭。为了能吃到一点菜味，我和几个战友冒着被敌人狙击手射击的危险，爬出战壕，匍匐着在地里爬来爬去，寻找农民遗弃的小白萝卜头。找到一个即如获至宝，赶紧用手指头从冻硬的地里将其抠出来，带回隐蔽洞。大家吃着小米饭，就着小白萝卜头，感到格外的香甜。在前沿阵地担负战斗任务的部队，一般二十至三十天轮换一次。在这艰辛的战地生活环境里，战士们最大的心愿，就是能到房子里好好地睡上一觉。

小战友之死

在坚守前沿阵地期间，我连三个排轮流守卫在阵地上。某日，一个排由前沿阵地换下来休息，战友们在战壕里用关怀的眼神欢迎他们的归来，却发现他们个个低头不语，似乎在有意回避战友们的目光。等到最后一名战士走过后，才发现还有一名小战士没有回来，大家本能地感到出了事。后来才知道，这名小战士（失名）在前沿阵地遭到敌狙击手的袭击，子弹击中头部，当即死亡。当时，他还是一个十五六岁的小战士，不幸为解放太原过早地献出了年轻而宝贵的生命。战友们都为失去这位可爱的小战友而悲痛！

穿越封锁线

从我们九连指挥所到前沿阵地，要通过一条三四百米长、横卧在半山腰的小路，这段弯曲小路，面向太原，完全暴露在敌人的火力控制之下，白天通过非常危险。一日，连长蔡光耀要我到前沿阵地传达命令，时值上午，我背上“三八”式小马枪，以最快的速度朝前沿阵地奔跑。敌人很快便发现了我的身影，机枪、大炮猛烈地向我射击。炮弹在我前后左右不停地爆炸着，机枪子弹“嗖嗖”地打在路上。在这山坡小道上，我既无隐蔽的地方，更不能停下脚步，只有加快脚步，从子弹、炮弹中穿过。结果，我很幸运地安全通过了敌人的封锁线。

党组织撩开了神秘的面纱

1949 年之前，党组织在连队是保密的。虽然每个班都有共产党员，但很少看到他们有什么活动。有时，只见一些老战士相互拽拽衣角，或碰碰胳膊。开始时，我看到这些动作好生奇怪，后来才知道，这是召集党员开会的信号。时间久了，也就成了公开的秘密。约在 1949 年 2 月，随着全国部队番号的统一，党组织也就正式公开了。

特殊任务

某日，我团进行夜间演习，部队悄无声息地拉出阵地，九连连长蔡光耀带领战士们迅速越过主阵地，向上级指定地点前进。突然，他发现队列里少了一个排（未通知），遂命令我火速返回阵地，把这个排带上来。我按照连长的命令，独自顺原路返回。当我通过主阵地时，脚上、腿旁不时碰到敌人的尸体，有躺着的，有趴着的，还有坐着的。我军攻占淖马主阵地后，阎军连续反扑十一次，死伤一千五百余人，官兵尸横遍野。深夜，在这死人遍地的荒野中行走，不觉头皮发紧，毛骨悚然。我本能地抓紧小马枪，加快速度，一阵狂奔，到了目的地，带上这个排，火速追赶部队。待我们到了部队原来待过的地方时，部队早已无影无踪了。凭着经验，我带着这个排继续向前追赶。到了一个十字路口，只见兄弟部队穿插而过，就是不见自己的部队。在焦急发愁之际，我突然想起了“路标”，于是，便弯下腰在几个路口仔细寻找。在一个路口道旁的草丛中，我终于发现了我们一三〇团的密码“路标”，心情顿时轻松了许多，我赶紧带着这个排，按路标箭头所指方向，很快赶上了部队，顺利地完成了这次让人难以想象的特殊任务。

哑弹吃人

1948 年冬，我团调至二线备战。为了给部队补充炸药包，解决炸药供应不足的问题，有的连队派战士到阵地上捡回阎军未爆炸的炮弹，而后拆下引信，掏出炸药，做成炸药包。这个办法很快传到各连。一日，我们九连也派了一名班长带两个战士外出寻找。不久，满身泥土、面无神色的班长回到连部，说不出一句话来。后来我们才得知，他们三人出去后找到一颗“哑弹”，班长安排好两个战士进行拆卸，自己转身又到别的地方继续寻找。没等他走多远，忽听背

后一声剧烈爆炸，他急回头，见两名战士拆炮弹处炸起一团浓烟，忙跑回去查看，眼前的景象简直让他不敢相信，两名战士竟被炸得连一根头发都没有留下。连长蔡光耀听了汇报后，沉默了许久，我们大家也都怀着沉重的心情，默默地为这两位战友的惨烈牺牲而哀悼！

兵团召开突击部队代表汇报会

1949年3月上旬，为检查总攻太原的战前政治工作，十八兵团政治部召集几个担负突击任务的团、营、连、排、班的干部进行汇报。到会的有团政委、营教导员、连指导员、突击排、班长等二十人。汇报的中心内容，是战前的政治动员与执行政策纪律的教育和准备工作。我团由担负登城突击队任务的九连指导员王民茂参加会议。我有幸随指导员来到兵团政治部驻地。白天，领导参加会议，汇报工作，我们几个通信员、警卫员在招待所整理内务，打饭；晚上，领导回来和我们挤在一个炕上休息。当时的领导干部都很年轻，在二十几岁，警卫员、通信员还都是十六七岁的小青年。大家精力充沛，革命热情高，政治气氛浓，钻在被子里还在学唱革命歌曲。两天后，我们返回各自部队，投入总攻太原的准备工作中。

攻城前的早餐

1949年4月24日凌晨，我连作为团的登城突击连，主要的战斗任务是把红旗插上太原钟鼓楼。1时左右，炊事班送来了白面馒头和猪肉炖粉条。这真是一年也难得遇上的一顿美餐。饭菜就放在阵地上，但吃饭的人却寥寥无几。此时此刻，大家心里都明白，战争毕竟是无情的、残酷的，再过几个小时，就要开始战斗，自己能不能活着看到鼓楼上的红旗，谁也难以预料。这顿早餐，对一些人来说，是大战前的早餐，而对另一些人来说，也许将成为他们终生的最后一餐。

胜利的午宴

攻占太原绥靖公署，是华北野战军第十八、十九、二十兵团，西北野战军一兵团第七军和晋中部队的一场立功大比赛。太原前线指挥部命令十八兵团附第七军由城东主攻，十九兵团由城南、二十兵团由城北进攻。城东分左右两个集团，左集团由六十一、六十二军自大东门以南攻击。六十二军命令一八五师五五三团为军的突击团，五五三团则决定由三营为第一梯队，我所在的九连为团的尖刀连，一、二营为第二梯队。登城后，三营向柳巷发展，占领钟鼓楼；一营沿城墙向南发展，控制城墙，消灭城东南角之敌；二营直插绥靖公署，歼灭太原守备司令部。开始攻城后，我们九连于7时40分自东城墙南段突破口登城，而后跳下城墙，进入巷战，经过上马街、桥头街、柳巷、楼儿底、唱经楼，在长约五里路的战线上，共用了一小时二十分钟，于8时50分占领绥靖公署门前的钟鼓楼（这里是太原城最高军事制高点）。把红旗插上鼓楼后，我连进至绥靖公署对面帽儿巷北口；一营用了不到一小时，就消灭了守卫东城墙南段的敌王牌军八十三师，活捉师长马海龙；二营入城后，紧随九连插入敌人腹地，立即向绥靖公署前进，二营四连在帽儿巷北口与三营九连会合后，在东、西、南、北四个方向的十支突击队到达之前，于9时15分首先攻入绥靖公署，消灭了太原守备司令部，活捉了绥靖公署副主任孙楚、第十兵团司令王靖国，

徐向前与解放军十八兵团领导在太原前线进行敌情观察

解放军十九兵团与十八兵团在山西寿阳会师

胜利后，解放军举行入城仪式，进入太原城

生俘阎军十兵团副司令温怀光，绥署副参谋长孟子哲，参事徐培峰，太原军管区副司令张凤翔，太原北城区总指挥、三十三军军长韩步洲，四十三军副军长兼迫击炮师师长贾毓芝，六十一军副军长娄福生等高级军官四十三人，师级以下官兵七百余人，毙伤敌人四百三十余人；缴获各种口径大炮一百零七门，轻重机枪一百六十三挺，冲锋枪、步枪一千三百五十四支，短枪六十六支，还有大量军用物资。五五三团攻占太原绥靖公署，象征着阎锡山在山西统治的彻底覆灭。在这次战斗中，五五三团以付出一百六十五人伤亡的代价，完成了党交给的战斗任务。

全城战斗结束后，我连战士聚集在鼓楼东侧的一个小院里休息。中午，炊事班的战友们挑着油条和鸡蛋汤，给我们送来了午餐。看到这些美食，大家战斗的紧张和疲劳一下子就抛到了脑后，一口气吃了个肚圆。遗憾的是，这顿庆贺胜利的午餐，我连有半数的战友再也不能和我们一起分享了。

就在我们的英雄们还未来得及评功之时，十八兵团又归建西北野战军，在周士第司令员率领下（对外仍称徐向前兵团），于5月26日踏上了解放大西北的征途。随军记者郑东在《回顾五五三团攻占太原绥靖公署的光辉战绩》一文中，记下了我团英雄们的战功。

九连战士的鲜血染红了山西大地

十八兵团六十二军一八五师五五三团三营九连，是一个具有猛打猛冲战斗作风，善于打硬仗的百人连队，曾被授予“猛虎连”的光荣称号。他们担任过临汾攻坚战、晋中小常围歼战、太原东山淖马要塞争夺战等多次突击任务，伤亡巨大。战至太原城下，参加过临汾战役的还剩十八人，参加过小常战役的还剩我们二十六人，参加过淖马战斗的还有五十四人（以上数字为十八兵团《子弟兵报》报道）。解放太原城时，我们九连作为六十二军主攻团——五五三团的尖刀连，直接投入战斗八十三人，经过登城、巷战，战至鼓楼下，全连还剩四十余人。这个英雄的连队，为解放山西作出了巨大的牺牲，战士们的鲜血染红了山西大地，身为其中的一员，我深感骄傲和自豪。

（本文选自《文史月刊》）

刘邓大军破闸放水取邓县

文/吴　成　许宜龙

刘伯承、邓小平指挥刘邓大军挺进大别山

1947年12月3日，为挫败国民党军队对大别山的围攻，扩大解放区，刘伯承、邓小平决定实施战略再展开，命令刘邓大军麾下第十纵队西越平汉铁路，开辟桐柏解放区。

12月13日，刘伯承、邓小平在湖北省应山县的浆溪店召开十纵团以上干部会议，下达进军桐柏地区的命令，宣布成立中共桐柏区委员会、桐柏区行政公署和桐柏军区；下设的三个地委、专署和军分区同时宣布成立。会后，桐柏军区各部队迅速分兵，分别向指定地区进发。12月15日，二十八旅八十四团远程奔袭桐柏县城，经一个多小时激战，首战告捷。桐柏宣布解放，县爱国民主政府宣告成立。16日，桐柏区党委、军区机关进驻桐柏平氏镇。20日，唐河县城解放，21日，新野县城解放。至此，八天时间内桐柏军区部队连克桐柏、枣阳、泌阳、唐河、新野五座县城。中共中央致电刘邓，庆祝十纵在桐柏之胜利。此时，邓县（今邓州市）县城成了桐柏腹心唯一的一颗“钉子”，对桐柏新区的开辟与巩固构成严重威胁。桐柏区党委决定发起邓县战役，拔掉这颗“钉子”。

邓县是南阳、襄阳、老河口三个军事重镇的联结点，战略地位极为重要。盘踞在县城的丁叔恒身兼宛西四县（邓县、内乡、镇平、淅川）联防第二支队队长、邓（县）新（野）联防指挥官。当时，丁叔恒纠集十一个民团和一个敢死队计一万三千人守邓县城。邓县城有内、外两城，外城土筑，内城砖砌，且有六丈宽、一丈多水深的护城河环绕。城墙至护城河之间密布鹿寨、地雷和明碉暗堡，易守难攻。

1948年1月9日，参加邓县战役的桐柏军区主力二十八旅和三分区八十六团、八十五团（四个连）到达指定地区。恰在这时，原中共豫西南工委委员孙鼎转来邓县城防工事的重要情报，这对战役的部署起到很大作用。桐柏军区首长据此拟订了作战方案。

刘邓大军向大别山区的英山县城开进

1948年1月11日，各参战部队进入攻击位置，立即构筑工事，组织火力，组编突击队，进行攻城准备。邓县县委、县政府动员群众支援部队一批木箱和柜子，战士们将其装满泥土，放在堑壕前沿作掩护，一边挖土一边向前推进。城墙上守敌只见箱子、柜子移动，新土往上翻，却不见人影，打又打不着，眼睁睁看着堑壕往前延伸。经过四天四夜的连续作业，纵横交错的堑壕直通到护城河边。

水一丈多深的护城河是攻城的最大障碍。要想取得攻城成功，就必须先破闸放掉护城河水。位于城东北角的护城河泄水闸，水下设有铁丝网，岸上碉堡密布，火力封锁严密。在担任主攻的二十八旅八十四团团长亲自指挥下，三营战士郭永生冒着严寒，跳入刺骨的河水里，机智地躲过敌人的火力射击，摸清了水闸的情况。

随后，十八名水性好的战士组成突击队，在一连指导员苏有信和郭永生带领下潜入水下，经过连续爆破，于1月14日炸开了水闸，护城河水随之滚滚流走。1月15日，水位下降到一米以下，消除了攻城的障碍。15日下午5时30分，总攻开始。八十四团的轻重机枪、迫击炮和二十八旅的炮兵，在各团爆破组炸掉外围碉堡后，集中火力射击。攻城部队越过护城河，搭好梯子，迅猛登城，奋勇冲杀。至16日，我军以伤亡三百人的代价歼敌六千九百余人，解放了邓县县城。

（本文选自《解放军报》）

刘邓大军夜间渡过黄河

塔山阻击战

文/黄永勇　石景胜

塔山阻击战是解放战争时期东北野战军第四、十一纵队在辽沈战役中，为保障主力夺取锦州，于锦州西南塔山地区对增援锦州的国民党军所进行的一次防御作战。

塔山地处锦州、锦西之间，东临渤海，西靠虹螺岘山和白台山，是国民党军西进兵团驰援锦州的必经之路，也是东北我军堵住国民党援军的必守之地。为保障主力夺取锦州，第四、十一纵队共八个师奉命在塔山地区组织坚守防御，阻击敌军驰援锦州的九十二军二十一师、六十二军等十一个师。敌强我弱，阻击任务艰巨，东北野战军领导人林彪、罗荣桓、刘亚楼指示阻援部队：“准备在此线死守不退”“必须死打硬拼……”

战斗于1948年10月10日拂晓打响。敌以三个师的兵力向打鱼山至白台山一线阵地实施全线进攻。成千发炮弹一起呼啸着倾泻到我军各个阵地，我守军依托残破的工事，奋勇拼杀。当日敌军共向白台山阵地进行了七次冲锋，向塔山阵地进行了九次冲锋，在遭受了重大人员伤亡之后，毫无进展。

11日，敌集结四个师的兵力，向塔山堡实施重点攻击。敌五十四军和六十二军所有的大炮齐袭我军阵地，塔山堡顿时淹没在一片火海之中。我塔山堡阵地守军顽强抗击，接连几次压制敌正面进攻。战到傍晚，国民党军付出伤亡一千三百人的重大代价，仍不能进塔山一步。

12日，敌军因前两天的战斗伤亡惨

塔山阻击战纪念塔

塔山阻击战中，解放军发起攻击

重停止了攻击，并调整了兵力部署。我军也加紧抢修被炸毁的工事。

13 日是塔山战斗中战况最激烈的一天。国民党军以四个师的兵力，采取两翼突破夹击塔山的战术。拂晓 4 时 30 分，敌军的炮兵开始向白台山、塔山的阵地猛烈轰击。号称“赵子龙师”的敌王牌部队独立九十五师组成“敢死队”，向塔山东侧的铁路桥我军阵地实施集团冲击。坚守阵地的我守军沉着应战，打退了敌军的一次次冲锋。敌军把阵亡士兵的尸体堆起来做活动工事，向阵地前沿步步推进，但在我军空前猛烈的火力面前，独立九十五师遭受重创。

14 日，国民党军对塔山的攻击进入第五天。敌各军的炮火于凌晨 5 时开始向塔山阵地轰击，海军的炮击也同时开始。战斗到上午 10 时，塔山阵地的后方锦州总攻开始了。塔山之战到了最关键的时刻，国民党军不顾一切地向我军防线冲击。双方一直激战到黄昏。敌伤亡惨重，独立九十五师几乎被全歼，全师缩编起来仅剩三个营多一点。国民党军的斗志被完全瓦解，塔山阵地真正成了他们不可跨越的铜墙铁壁。

15 日，锦州战役接近尾声，敌在塔山地区仍未能前进一步，由于偷袭不成，强攻无效，只经数小时战斗，即于 12 时全线败退。到当日 18 时，锦州传来解放的消息，塔山阵地一片欢腾。

塔山阻击战是残酷的阵地坚守防御战，经过六昼夜的鏖战，我军用生命和鲜血铸就了塔山钢铁阵地，以伤亡三千五百七十人的代价，换取了歼灭国民党军计六千五百四十九人的战绩，创造了“模范的英勇顽强的阻击战”范例，彻底粉碎了蒋介石的北援计划。

（本文选自中新网）

塔山阻击战中解放军的“塔山英雄团”

八路军悲壮的敌崮阻击战

文/王作化　苗　燕　张永星

1942年11月，八路军三百多名指战员为掩护山东军区机关和部分友军突围，在沂水县笛崮山与装备优良的八千多名日军展开浴血奋战，击退敌军在飞机、重炮火力配合下的十多次猖狂进攻，毙伤日军六七百人，顽强坚守阵地至我大部队和机关胜利突围。最后，这三百多名官兵大部壮烈牺牲，剩余十四名弹尽粮绝的勇士宁死不当俘虏，在营长严雨霖带领下砸毁武器，集体跳下悬崖，在血与火中再次表现出中华民族不被任何强敌所压倒的英雄气概，用鲜血铸就了中国军人英勇顽强、誓死不屈的军魂。

临危受命阻敌军

1942年10月，遭受山东抗日军民沉重打击的日军为扑灭抗日烽火，秘密调集重兵一万五千人，并加强炮兵和部分航空兵，对我鲁中沂蒙山区进行“拉网合围”。10月27日，日军一万两千人分十二路对转移到南墙峪地区的我党政机关和群众进行合围，担任掩护任务的我军独立团占据有利地形顽强抗击日军进攻，经过一天激战，被围的我党政机关和群众于当日黄昏分路突出了重围。不甘失败的日军又于11月1日集中八千多兵力，在飞机配合下分十一路扑来，将我山东军区机关和直属部队、山东战工会、抗大一分校以及国民党五十一军一个营共计一千多人再度合围在穆陵关西南齐长城边线的笛崮峪。

当天深夜，刚刚转移到笛崮山东麓的我军指挥部在连续不断的枪声中接到各方侦察员的报告：“西北蒙阴方向发现敌人！”“沭水、马站一带出现敌人骑兵！”“南面沂水敌人向我开来！”种种迹象表明我军再次遭到敌人包围，形势十分危急。担任突围总指挥的山东军区副司令员王建安当机立断，命令军区特务营营长严雨霖带领部队迅速抢占笛崮山制高点，把守主峰和上山必经之路，层层抗击敌人，把日军的注意力全部吸引过去，掩护我大部队和友军从敌人空隙中安全突围。

笛崮山是一座方圆面积不大的小山，

王建安

遍山岩石嶙峋，东面是十多丈深的悬崖绝壁，石壁如同刀削般的奇陡，下面是干枯的河床；西面和西南面有较为平坦的丘陵。山崮顶端面积近一平方千米，周围有乱石砌成约一米高的石墙和几处破屋断壁，形成天然屏障。离笛崮山东北五百多米远的地方有一个小高地，像卫士一样拱卫着主峰。整个笛崮山是当地唯一可以火力控制敌人必经之路的制高点，坚守住这个易守难攻的要点，对于掩护我军胜利突围具有重要意义。

随特务营爬上笛崮山的王建安，在察看地形后，命令严雨霖在笛崮山东北面小高地派出一个排作为前哨阵地，用以迫敌及早展开，迟滞消耗敌人；其余部队以西和南面为主要防御方向，建立多道阻击阵地，最大限度地拖住敌人，为大部队突围创造条件。这是一场力量悬殊的阻击战，意味着所有参战人员将无任何退路，他们面临的是一场血与火的殊死搏斗。布置完战斗任务后，王建安紧紧握住严雨霖的手说：“你们是红军的底子，所有突围部队和机关的安危就看你们的阻击战了，哪怕就剩一个人也要死死拖住敌人，一定要坚持到黄昏，坚持就是胜利。”根据战斗部署，严雨霖立即从全营抽调出战斗力最强的一个排前去坚守东北小高地。在昏暗的夜幕中，前哨排战士人人全副武装，身上挂满了手榴弹，以人在阵地在的坚强决心迎接即将到来的血腥拼杀。

誓与阵地共存亡

天色渐渐发亮，我军占领阵地后刚构筑完工事，日军就从四面八方逼近了笛崮山。敌人派出步兵在最前方搜索前进，其余部队在手执太阳旗的军官指挥下，以一字排开的散兵群，一层层拥上了笛崮山东北小高地。等日军靠近后，经过伪装的我军阵地上突然间响起了激烈的枪声和手榴弹爆炸声，日军还没弄清是怎么回事，挥舞指挥旗的日军中队长和十几名士兵就被送回了东洋老家。被打得晕头转向的日军回过神后，立即集中兵力对小高地进行猛烈攻击，但在前哨排战士的顽强抗击下，一拨又一拨的日军被打得尸横遍野，寸步难进。

战斗持续了一个多小时，前哨排战士以顽强的战斗意志依然坚守着阵地。接连受挫的日军集中山炮和掷弹筒火力对小高地实施猛烈轰击，我军阵地很快就被日军炮火所吞噬，但抗击敌军进攻的枪声仍在不停地响着。猛烈的炮火持续了四十多分钟后，我军阵地上枪声渐渐稀落下来。随着小高地周围硝烟散去，蜂拥而至的日军占领了这个前哨阵地，山头上出现了一面刺眼的太阳旗。就在日军庆幸他们终于将这股顽强的“共产军”消灭之时，沉静的小高地上突然响起一阵剧烈的手榴弹爆炸声，那面膏药旗连同十多个日军顿时化为乌有。一名日军士兵在几十年后还清楚地记得，那是我军一个满脸稚气的伤员挣扎着从血泊里爬起来，在最后时刻拉响了阵地上剩余的全部手榴弹与冲上来的日军同归于尽。

在笛崮山顶用望远镜看得真切的严雨霖禁不住跳出战壕，对战士们高喊道：“同志们！我们是光荣的红军部队，绝不让鬼子在我们面前前进一步，我们多顶住鬼子一分钟，大部队就多一分胜利突围的希望！”“为牺牲的战友报仇！”“报仇！”“报仇！”阵地上顿时响起了悲壮激昂的吼声。在激昂的吼声中，每个战士眼睛里都闪烁着誓与日军血战到底的坚毅光芒。

惨烈争夺战笛崮

敌人占领小高地后，很快就向笛崮山主峰扑来。当日军指挥官挥舞军刀，带领士兵蝗虫般拥到我军前沿阵地前时，一片密密麻麻的手榴弹突然呼啸而至，落在了密集冲锋的日军头上。一时间，手榴弹短促连续的爆炸声震耳欲聋，横飞的弹片带着死亡的气息炸得惊慌失措的日军鬼哭狼嚎，慌不择路滚下山去。

恼羞成怒的日军很快调来数门重炮向笛崮山进行又一次猛烈轰击。但由于笛崮山地势较高，炮弹大都打在悬崖的岩石上，炸出的飞石像冰雹一样砸得山下准备冲锋的敌军乱成一团，气得哇哇乱叫的日军指挥官大骂炮兵混蛋不长眼睛。稍做整顿后，日军又集中了十多门迫击炮、掷弹筒向我军阵地打来，随后再次集中兵力向我军发起连续冲击。我军则凭借天险地势顽强抗击敌人一次又一次的猛烈进攻，日军每次接近山头阵地时，我军就以一阵猛烈的步机枪火力和手榴弹予以重击，打得敌人丢下一片

对崮，也称“笛崮”，位于山东沂水县沙沟镇驻地西约十公里

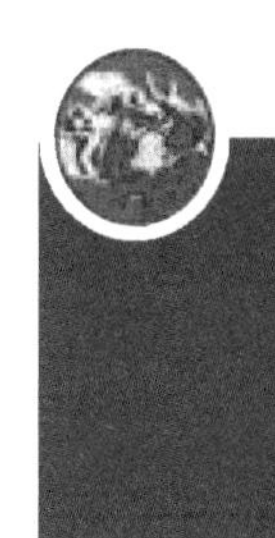

片死尸溃退下去。

战斗打到中午过后，敌人的攻势更加凶猛。日军以为终于抓住了我军指挥机关，便将主要兵力全部集中到笛啬山发起不间断攻击，还调来了数架飞机助战。在空炮火力的配合下，进攻日军端着寒光闪闪的刺刀，踏着同伴的尸体，一拨又一拨冲向我军阵地。这时，我军不多的几挺机枪在步枪集中火力射击的“排子枪”配合下，暴风骤雨般地扫向成批号叫着冲锋的日军，将进攻敌军如割麦似的撂倒。日军指挥官发现了这一致命火力点，便下令集中火力转向我军机枪阵地射击。我军机枪手不断有人中弹倒下，但后面的候补射手又毫无畏惧地迅速补上。敌我双方往返冲杀，几处阵地失而复得、得而复失，战况异常惨烈。

经过反复拼杀，敌人始终没能攻上笛啬山。此时，日军发现笛啬山西北角有一条小道，便在汉奸唆使下把抓来的二十多个老百姓赶在前面挡子弹以掩护他们进攻。我军怕误伤群众，只好暂停射击，被抓的群众也明白了敌人的意图，到半山腰便拒绝前进，誓死不把日军引上山。一个汉奸逼着一位白胡子老人向我军喊话，老人便放开喉咙喊道：“八路军兄弟不要管我们，狠狠地打小日本！”残暴的日军用刺刀将老人捅死在山坡上，又用机枪杀害了所有的群众。面对敌人的暴行，严雨霖一枪就将那个汉奸打了个嘴啃泥，战士们紧跟着用复仇的子弹、手榴弹打得敌人连滚带爬地逃下山去。

无计可施的日军只好组织敢死队拼命。在二十多挺轻重机枪和十多门迫击炮、掷弹筒等火力掩护下，日军敢死队队员端着刺刀发疯似的迎着枪弹向我军阵地冲锋，但在我军的迎头痛击下，一批批日军敢死队队员很快变成满山死尸。下午4时多，各连相继报告子弹、手榴弹快打光了。这时，从西面冲上的敌人离我指挥所只有近百米。危急关头，一阵冲锋号吹响，我军指战员在挥舞着大刀的一连连长王继贤的带领下，与拥上阵地的日军展开白刃格斗，甚至连炊事员和马夫也举起菜刀、铡刀与敌人厮杀。战斗进入白热化，许多战士刺刀拼弯了就用枪托和手榴弹猛击敌人的脑袋，体弱的战士就和敌人抱成一团扭打，用手抓抠敌人的眼睛，用牙齿撕咬敌人的喉咙和耳朵；有的战士在阵地被突破后，拉响了最后一颗手榴弹与冲上来的敌人同归于尽。经过一番异常惨烈的搏斗，八路军三百多名官兵血洒疆场，但仍将笛啬山牢牢地控制在手里。

誓死不屈铸军魂

眼看太阳快要落山了，敌人十分清楚天黑以后对他们非常不利，因此进攻一次紧接一次，并再次派出两架飞机向我军阵地投弹轰炸。严雨霖将剩余的人员和弹药集中起来，收缩阵地继续顽强抗击日军的轮番进攻，弹药打光了就用石头砸。在惨烈的战斗中，从长征走过来的连长王继贤、指导员谢训等全营连排干部相继壮烈牺牲。到夜幕降临时，特务营只剩下连同营长在内的十四人，最后被敌人压缩到笛啬山东端悬崖顶上再也无路可退。在弹尽粮绝的情况下，严雨霖望着战友们，坚毅地说：“同志们，我们是人民的战士，是共产党的队伍，能让敌人抓活的吗？”“不能！”“我们宁死不当俘虏！”于是，十四名勇士便砸毁了打光子弹的枪支，然后一起退到了悬崖的最边缘。此时，日军已冲到了悬崖顶上，围住勇士们，

沂蒙山区

停止了射击，让他们投降。但见十四名勇士在悬崖边上紧紧围抱在一起，没有恐惧，没有悲伤，眼神里充满了对敌人的无比仇恨。在日军注视下，勇士们砸断了最后一支步枪，随着严雨霖一声高呼“跳！”一个接着一个飞身跳下了身后的悬崖深谷。

日军没有想到世界上还有如此顽强的军队，装备精良的数千日军居然被一群衣衫褴褛、装备极为简陋的八路军战士死死拖在笛崮山上整整一天，从而付出了六百多人伤亡的代价，而他们现在却连一个俘虏和一件完整的武器都没有得到。面对如此英勇的作战对手，日军官兵也不能不表现出对对手应有的尊敬。在日军指挥官的指挥下，山顶上的日军士兵一起朝天鸣枪以示敬意。这场悲壮的笛崮山突围阻击战终于以我军主力胜利突围而结束。跳崖的十四名勇士，只有严雨霖等八人因受到悬崖树枝的拦阻而得以生还。战后，山东军区机关报以“笛崮突围记”为题，对这次惨烈的笛崮山阻击战和突围战做了报道。

在这场悲壮的笛崮阻击战中，烈士们用自己的鲜血和生命捍卫了中华民族不屈不挠的民族尊严，也诠释了中国军人誓与敌人血战到底的英雄气概，他们铸就的历史丰碑犹如巍峨的沂蒙山，万古长存。

（本文选自中国共产党新闻网）

中原突围强渡丹江

文／党廷志　李玉拴

抗日战争胜利后，蒋介石经过几个月的调兵遣将，撕毁国共两党达成的停战协定和政协协议，于1946年6月26日拂晓，命令三十万大军分四路悍然对中原军区发动了大规模的进攻，并限四十八小时内全歼中原人民解放军，挑起了中国历史上空前规模的内战。

当晚，中原军区主力部队按照党中央和毛主席预先批准的计划，以秘密、神速、巧妙的行动，出敌不意，分路进行突围。确定主力分南北两路向西转移，由李先念司令员、郑位三政委和王震副司令员率中原局、中原军区机关和第二纵队及三五九旅、干部旅等部一万五千余人为北路军；由中原军区副司令员兼第一纵队司令员王树声等率第一纵队之二、三旅等部一万多人为南路军，分别向陕南、鄂西北突围行进。从此，中原解放军开始踏上了突围的艰险征途，也拉开了全国解放战争的序幕。

得知中原军区部队主力向西突围后，蒋介石命令郑州绥署主任刘峙及其所部第四十一师、四十七师、十五师、三师沿路追击，并派飞机跟踪侦察。又密令陕西胡宗南部整编第九十师六十一旅及驻关中地区之敌整编第一师第一旅，星夜赶到豫鄂陕三省交界的军事重镇淅川县荆紫关至南化塘一线布防堵截，以防中原军区部队入陕。并电令刘峙、胡宗南："务于荆紫关以南将李部包围歼灭。"

1946年6月26日全面内战爆发，解放军中原突围

7月1日，北路突围部队到达南阳地区内乡县师岗时，军区决定兵分两路向西前进。李先念、郑位三率中原局、中原军区机关及十三旅、十五旅四十五团为左路，经淅川马蹬一线横渡丹江，尔后向陕南方向前进。王震

1945 年，中原军区司令员李先念（左）与王震在一起

率三五九旅、干部旅为右路，取道荆紫关、山阳向镇安、柞水方向前进。12 日，左路部队由师岗西进时，遭敌内乡民团四个团阻击。经过激战，敌被击溃。后由当地农民温玉兴等四人为向导，抄小路由刁河绕过敌有重兵驻扎的黄庄，在界牌岭打垮黄庄民团贾店华部的阻击后，于 13 日到达丹江岸边之大石桥、孟家楼等地，进抵淅川。

与此同时，右路部队三五九旅七一九团二营冒着滂沱大雨由王沟、方湾出发，从魏营、武家洲过灌河经檀山、石家沟、叶沟、刘营，于当日拂晓完成了对淅川县城的包围。淅川民团副司令任泰升率常备营四百多人，凭借十米多高的城墙和十三米多宽、三米多深的护城河为屏障进行顽抗。经过一昼夜的战斗未能克敌。三五九旅七一八团按原计划走捷径抢占入陕咽喉荆紫关。行至寺湾时，胡宗南部整编九十师已抢占荆紫关，控制了寺湾各山头，并沿丹江向淅川县城推进。七一八团前卫与敌激战，另一部分则急速转移到磨峪湾待命。

此时，尾追北路突围部队的刘峙部之整编三师、整编四十七师和整编四十一师各一部已抵达马蹬附近，与解放军后卫部队遭遇并展开激战。前有丹江横拦、敌重兵把守，后有敌军追击、腹背受敌，北路突围部队已到生死存亡的关键时刻，中原军区首长果断决定，改变原拟攻取淅川县城和荆紫关的计划，命令三五九旅七一七团、七一八团阻击胡宗南部进攻之敌，背水一战掩护全军强渡丹江，南绕鲍鱼岭、南化塘向陕南挺进。

7 月 14 日凌晨，北路主力部队先后到达集结地点，准备强渡丹江。当时正值夏季汛期，连日的暴雨使丹江上游山洪暴发，江水猛涨，三百多米宽的江面上波涛汹涌。这一带沿岸的船只已经被敌人扣押或破坏。李先念、王震等军区首长亲临江边组织试渡。参谋处派出二十多名战士寻找船只，结果无功而返；又派出十多名会水的警卫战士去探水，都回来报告说：“水深、浪大、流速急，过不去。”李先念亲自到江边观察，坚定地说：“飞也要飞过去！”王震带着几名参谋沿江观察，反复研究周围地形。

恰在这时，大家在丹江河滩的草丛中找到一位七十多岁的看瓜老人，经反复动员，老人给指点了有两米左右深的大漫滩渡江点。李先念当即对参谋简佐

郑位三

毛泽东接见从中原突围后回到延安的部分官兵

国说：“佐国同志，你把警卫队会水的战士带上，一定要在大漫滩找出全军可以泅渡的路线。”参谋处立即挑出三十名会水的警卫战士，在简佐国和警卫队队长魏赤龙带领下，开始渡江探路。李先念站在岸上不时地用望远镜观察着在江水中只有头部露出水面的几十位战士，嘴里念叨着：“希望就在你们了！”当勇士们渡到一半时，三架敌机低空而来，向渡江战士疯狂扫射。渡江战士端起机枪向敌机猛烈射击，岸边的战士也向敌机开火，迫使敌机不敢低空飞行。在距江岸只有几十米处，战士们脚底下的河床硬了，水也浅了。大家刚松口气，突然，对岸工事里的敌人开了火，警卫队的战士在水里端起机枪、冲锋枪向敌人猛烈还击，打得敌人扭头就跑。战士们终于冲上对岸，占领了土寨子。当日夜，李先念、郑位三率部徒涉丹江，于次日拂晓前全部胜利过江，抵达淅川以西的湖北省郧县梅家铺地区。

7月14日中午，进至大石桥的三五九旅七一九团官兵发现一位老大娘身染重病，立即叫来医生为其治疗，并为老人做了可口的饭菜。大娘的儿子见解放军如此爱护群众，十分感激。听说解放军正为渡江焦急，他便主动提出为解放军渡江带路。下午，三五九旅、干部旅在老乡的指引下，由大石桥、杨家渠、柳家泉、娘娘洞、清凉寺等处强渡丹江。渡江时，先挑选会水的战士渡过江去，将铁丝绳索绑在丹江西岸的树干上，然后分批抓住铁丝绳索过江。也有会水战士与不会水的编成小组，手挽手结成锁链渡江，也有抓住马尾巴过江的。当部队正在同江水搏斗的紧张时刻，三架敌机疯狂地低空向江水中的部队扫射轰炸，有的绳索被炸断，三百多位同志被巨浪卷走。三五九旅、干部旅过江后即向荆紫关与南化塘之间的鲍鱼岭挺进。次日晨，刘峙部尾追之敌赶到波涛汹涌的丹江河岸，只好望江兴叹。

7月15日这天，得知中原突围部队突破淅川丹江天险的消息后，毛泽东异常兴奋，他及时以中央军委的名义向中原军区和李先念发电祝贺：“整个突围战役是胜利的，敌人毫无所得。你们这一行动已调动程潜、刘峙、胡宗南三部力量，给反动派以极大震动与困难。故你们的行动关系全局甚大。”

7月底，中原军区突围部队到达陕南后，按照党中央关于“牵制大批敌军，在敌后创立根据地，是中原部队的光荣战略任务”的电示，决定在河南西部的卢氏、淅川和陕西南部的商南、山阳等地创建豫鄂陕革命根据地。

（本文选自《解放军报》）

抗战“堡垒户”王玉华

口述 / 王玉华　整理 / 李永春

冀东军分区副司令员包森（右）与司令员李运昌（左）、政治部主任刘诚光的合影

我娘家在长城北面的贫困山区刺梅花峪。我七岁那年，母亲有病，没钱买药就过早地离开我们了。随后我就跟着父亲以讨饭为生。旧社会一个穷人，又失去了母亲的管教，哪还有梳洗打扮的条件，因而长了两只大脚片子。再加上很少穿鞋，脚上磨出一层厚厚的老茧，就是踩在石头碴子、草根子上也不理会。这在封建社会是被人家笑话的，可在抗日战争中跑起路来，却多亏了这两只大脚片儿。

1939 年，我和遵化北下营村的李文清结了婚。那时他是北下营的办事员。李运昌、包森、李春光等领导同志经常在我们家住，我在他们的教育下，渐渐地懂得点儿革命道理，领导上对我经过一段时间的考验，看我又能干又机灵，就动员我为党多做点工作。

1941 年秋天的一个晚上，杨区长（名字不详）郑重地对我说：“经过我们了解，你是位好同志，想分配你一项既艰苦又危险的工作，为我们专程送信。”又说：“你们这儿是山区，是抗日根据地，附近敌人据点多，送信很危险，但不管环境多艰苦，也得把信及时地送到我们的人手里，不管受到多大打击，也不能泄露八路军的秘密，为了保密，你就叫王玉华。凡遇有‘王玉华’三个字的信，你就送到北沟何继青那里。”杨区长的嘱咐我牢牢地记下。我从小没念过书，可“王玉华”这三个字却学会了。

这一年秋后，有一天，日头压山了，转来了第一封带有“王玉华”字样的信件。我又高兴又紧张，拿起择菜用的笼筐，边走边想，如有敌人翻笼筐怎么办？后来，看见道上有几块半干的牛粪，

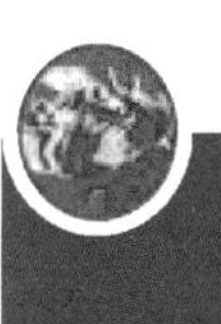

我灵机一动就返回来，拿起粪箕子把牛粪拣回家来，轻轻地把牛粪硬盖起下来，挖个槽，把信放进去，又把硬盖对成原样。把装有信的牛粪放在粪箕子里，然后掺上点草秣子，伪装成拾牛粪的，背着粪箕子向北山沟走去。精神越紧张越容易出事，走到树棵子旁，扑棱棱飞出一个山家雀，吓了我一跳。一定神，心里说：不怕，不怕。可是心口还是嗵嗵地跳得厉害。走到山根下小河沟时，邻村大石庄的孟宪发上山回来。他问："二嫂！这么晚了还上哪儿？"我用编造好的话回答："今年柴火少，趁做熟了饭的空儿，我到北山看看，顺便拣点牛粪留着烧炕用。"支吾过去，急忙向北走，直到完成了任务。路上拣了一粪箕子牛粪背回来，这才一块石头落了地。

经过一段时间的锻炼，道眼多了，胆子也大了。

1942 年夏末的一天傍晚，又转来一封鸡毛信。我知道鸡毛信是紧急标志。我忙把信缝在兜肚里边，拿着笼筐就向北走去。从道旁揪点爬豆角、谷子穗做样子，走到山根下，见北面过来一个背粪箕子的壮年小伙子，他贼眉鼠眼地东瞅西看。我心想：侯家寨、半壁山都有据点，特务密探多，得留点神。我表面上装作没事似的，从他身旁加快脚步走过去。他站住之后问："你是哪庄的，天这么晚上北山干啥？""叫北下营的，到山坡看看早谷子熟了没有。""你这年轻人，说话很机灵，是妇女主任吧！"我心想，要糟，软了更露馅。我站在高处反驳说："哟！年轻人，还死耗子似的，天啥时候了，还不快点走。"我正说着，他来到我跟前截住我，说："回去！这么晚了不能进山。"我知道一回去，鸡毛信送不成了，还得找麻烦，仍坚持往北走。他看我不听话，伸手打了我两个嘴巴。我连哭带骂，正在难解难分的时刻，庄里的戴福顺下地回来了。我一看见他，心想得救了，忙走到他跟前，向他哭诉说："我要上北山看看庄稼，这个人不让去，还动手打人，这么不讲理！"戴福顺说："你这是干啥，年轻轻的，别不讲理。她是我前院的侄媳妇，家还有两个小孩。抽工夫下地，有什么不对。你要是不行好事，我豁出老命去……"这个人一看我五大三粗，旁边又有个半大老爷子，闹下去没他多少便宜，便就坡下驴地说："我说天黑了，让她回去，免得遇上坏人，不听拉倒！"说着话就向侯家寨方向走了。后来，听说他是侯家寨的特务，被我们政府镇压了。一场凶险，风吹云散，心里还是不踏实，忙对戴福顺说："二大爷，帮人帮到底吧，往北送我到山根下，我到那边看看就回来。"我巧妙地把这封信压在取信点的大石头底下，然后和戴福顺一起回家了。

1942 年 11 月 4 日清早，我正要出去送信，忽听日军伪军联合大讨伐，包围了罗文峪一带村子，庄里的老乡告诉我："嫂子，快把假纂（发髻）梳起来吧！这回讨伐面可大了，没处藏没处躲的。"当时我想，这封信怎么送出去呢？街上伪军按家搜查，赶着人到戏台前面听讲话去。我只好一手抱着儿子，一手领着闺女，向人群走去。在拐弯处，遇见六个特务押着刘永生老爷子走过来，刘老头已被打得满身是血，眼眶子都打肿了。特务问刘永生："她是不是妇女主任？"刘永生说："我看不清了。"特务随手给我一枪把子："看你的纂是假的，准是妇女主任。"又给我一枪把子。正在拷打我的时候，特务们一转眼，刘永生不见了。他们拽着另一个青年吴景常到九仙庙里去找。我一回头，看见一个同情革命的老头儿。我立刻把怀里的信拿出来放在他的岔裤里，小声说：“表姐夫，这信藏好，想法交给何继青。”我是跑不了，急忙脱掉外面的褂子，揪下假纂，塞在孩子的破褂子里，钻入了人群。敌人从供桌下面翻出刘永生来又是一阵毒打。然后拉着他找我。我虽然变化了装束，还是被认了出来。我仍坚决不承认是妇女主任。伪军们说：“承认不承认也是你，今天是你当妇女主任的最后一天！”推推搡搡地把我押到下营的南门外。伪军们从起早围庄，又咋呼了多半天，已经疲乏了。十几个伪军把我围在当中，坐着坐着就睡着了。我正思谋着怎样摆脱敌人，忽听南边响了一枪，吴景常被日伪军开枪打死了。我想今后再不能为革命送信了，死了得给老李家留一条根呀！正想着，刘树山的奶奶走过来了，我想把儿子交给她。就用手指指嘴，装作要水喝。老太太找个碗舀了一碗水走过来，伸手递碗时，不料脚尖碰着了伪军。伪军醒来大吼一声说：“你还想跑！”我连忙说：“你们围着我往哪跑！孩子半天水米没沾牙，向老太太要口水喝。”伪军不由分说，抡起枪连打我六枪把子。太阳偏西了，伪军们个个大小包袱围满了腰。忽然，东南方向响起三枪，这下子敌人乱了套，集合的笛声“嘟嘟”乱叫，纷纷跑步集合，在营城外整队出发。围着我的伪军，一听到集合笛声便扔下我，找队伍集合去了。我赶快走开，藏了会儿，看敌人走了，马上回到家里。回家一看，家里不像样了：院子里一地鸡毛，十几只母鸡被拔了毛拿走了。玉米、小米撒了一地，屋里的柜盖子敞着，整齐点的衣服被子都没了，破衣裳、烂补丁满屋都是。我心一横，心想汉奸日本兵只能劓我的东西，劓不了我抗日的心。

当年的11月18日，敌人划定我们这一带为“无人区”，在“无人区”住的人家都得限期搬走。我们家被迫搬到孤山子集家“圈里”。在从北下营搬走之前，领导上指示我，要观察据点的动向，及时地给八路军送情报。我家堂叔二大爷王凤山思想反动，在据点里是维持会的副会长，和敌人常来往。一天夜里，我偷偷地躲在他家附近，只见三五个伪职人员从他家出来，一个伪军说：“让咱们准备车、驮子，又要到口里讨伐去。”另一个伪军急忙制止他说：“嘴严点！别瞎说……”我心里一惊：敌人到口里讨伐，老百姓又要遭殃了。我找到可靠的亲叔父写了一个简单的情报，用黑布一裹扎在头发里。第二天日头偏西，我带着情报刚走到栅栏门口，王凤山拦住了我：“大丫头，天快黑了，下地不许可了。”我说：“粮食不多，找点山货好混顿饭吃呀！不大时候就回来。”“要是骗我，咱们全家可都没命！”“我是你侄女，还骗你？”“你偷着上口里我可不让。”“二大爷放心吧，我不给你添麻烦，还要你多照应呢。”他还是千叮咛万嘱咐叫我早回来。他怕吃瓜落，当时我可恨透他了。出了“圈”的门口，先顺大道走，到了路远人稀的地方，一下子钻入野地，顺着人看不到的坎子根下，飞快地走起来。绕到长城缺口处，悄悄地爬过去，又急忙钻入草棵子里。十二里的路程，我走了两个多小时，好不容易找到了原定的情报交接点，将情报放在一

包森故居

块大石底下，天色已太黑了才往回走。“无人区”里遍地是野草，道路不明又不敢出响动，怕惊动了敌人，还不时遇到野兔子、山雀被惊起，弄得我提心吊胆。只好钻一截草地，找一个高岗隙瞭高，辨别一下山头和星星，端正一下方向，继续钻草棵儿。这样深一脚浅一脚地往回走，一路上不知栽多少跟头。临近孤山子圈上时，怕惊动了日本人和伪军，就把鞋脱了，光着两只脚丫子走。因为路难行走得急，石头碴子、荆棘茬子把我的脚都扎出血了，我咬紧牙关继续坚持，小半夜了才绕到孤山子，顺处石坎子爬过“圈”的围墙，轻轻地推开家门。我闺女正叨咕呢：“妈咋还没回来，老天爷可保佑她呀！”我说：“老天爷保佑我，妈回来了！”

从 1941 年秋开始，仅仅一年多的时间，经我手送出去四十多封信，我都按领导上讲的完成了任务，一次也没失落过。曾经一起战斗过的老领导还给我一个“堡垒户”的光荣称号。

（本文选自遵化文史网）

红军标语背后的廉政故事

文 / 王锡堂

小展览教育全军

1927 年 10 月 22 日，毛泽东率部离开酃县（今炎陵县）水口，向井冈山挺进，在江西遂川大汾，突然遭到肖家壁靖卫团的袭击，部队被冲散，很多战士又累又饿，见到路边的红薯，扯起来就吃，还有一些战士不听指挥，拿着百姓的东西就走。

当天，毛泽东率团部和一营的二连、特务连来到了荆竹山。深夜了，毛泽东还在思考当天发生的事情。

第二天早上，毛泽东把部队集合起来，语重心长地对大家说：“我们马上就要上井冈山安家了，大家一定要遵守纪律，把群众关系搞好，脱离了群众，我们就站不住脚，军队没有群众就会像鱼没有水一样。”接着，毛泽东向全体指战员宣布了三项纪律：第一，行动听指挥；第二，不拿老百姓的一个红薯；第三，打土豪要归公。

1928 年 1 月 5 日，工农革命军攻占遂川县城，帮助建立了中共遂川县委和遂川县工农兵政府。毛泽东通过调查研究，对部队再次提出了六项注意：第一，上门板；第二，捆稻草；第三，说话要和气；第四，买卖要公平；第五，借东西要还；第六，损坏东西要赔。

4 月下旬，朱毛会师成立红四军后，部队供给困难，士兵成分也变得复杂，严重违纪行为时有出现，特别是某团三营司务长因诈骗群众被处决案件的发生，使毛泽东深感不安，他指示军部在小井办了一次小展览，展览馆就设在小井的一个店铺里，没有照片，也没有多少文字，只是摆着一些战士和百姓常用的东西。讲解员通过摆着的一把军号和几根针、几条线、几个红薯、几双鞋子、几块银圆，说明“一切行动听指挥；不拿群众一点东西；打土豪要归公”和它的

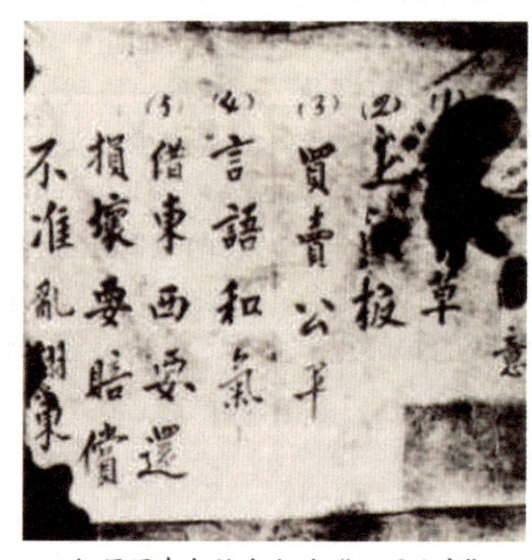

红军写在包袱皮上的“六项注意”

重要性。通过一块门板、一捆稻草、一个破坛子、一个破碗，向战士解释上门板、捆稻草、损坏东西要赔等六项注意的具体内容。

随着展览的举办，一首“红军纪律歌”也在部队中唱响：“上门板，捆稻草，房子扫干净。说话要和气，买卖要公平。损坏东西要赔偿，借人东西要还清。”

一次展览，一首“红军纪律歌”，一声惩腐枪声，在全军产生了强烈反响，从此，部队面貌大为改观，“三大纪律、六项注意”成为全军官兵的自觉行动。

彭德怀拒特殊

红五军到达井冈山刚半个月，湘赣两省敌人便准备向井冈山发动第三次“会剿”。1929 年 1 月 4 日，毛泽东在宁冈柏路村主持召开前委、特委、各县县委和红四军、红五军军委联席会议，决定采取“围魏救赵”的战术，由红四军主力出击赣南，迂回敌后，打击敌人，红五军和红四军三十二团留守井冈山。彭德怀心里也明白，井冈山虽然地势险要，但留下的部队人少弹缺，要守必然是凶多吉少。但是，彭德怀为了顾全大局，保住红四军这支红军主力，主动承担了这一任务，并准备牺牲，从而结束了这场争论。

红四军离开井冈山后，红五军处境十分艰苦，彭德怀日理万机，昼夜操劳。有一天，军部后勤处处长买了一只鸡和半斤牛肉，想给彭德怀军长改善一下生活。彭德怀知道后，当即把后勤处处长找来批评说：“我们又不是旧军阀，对我搞这些特殊干啥！在共产党领导的队伍里，官兵要有盐同咸，无盐同淡。”并责令后勤处处长把鸡和牛肉送到医院去给受伤的战士吃。同时还警告说：“下次再发生这样的事，我就得处分你。”

后勤处处长接受彭德怀的批评，把鸡和牛肉送到了医院，医生、护士都为之感动。

陈毅报告中一首楹联的由来

井冈山斗争时期，红军不仅战斗频繁，而且生活十分艰苦。

红军生活条件虽然艰苦，但官兵奋斗精神毫不衰减，除党的领导外，靠的就是军内的民主，官兵待遇一律平等，经济公开，由士兵委员会管理伙食。毛泽东、朱德、陈毅和全军官兵都是同吃一锅菜，唯一不同的，就是毛泽东桌上多了一点辣椒，因为毛泽东一直有着湖南人爱吃辣椒的习惯。

为了省钱，当时部队吃得最多的就是南瓜和茄子，1928 年 10 月从宁冈挑回的南瓜就有一万多个。为此，官兵们编了这样一首歌谣：

红米饭，南瓜汤，秋茄子，味好香，餐餐吃得精打光。

由此，仍能从每日五分的油盐柴菜钱中节约一点作零用，名曰“伙食尾子”，每人每日约得六七十文。这种由士兵委员会管理伙食的办法，士兵很满意。后来，毛泽东在《井冈山的斗争》一文中总结了这样一句话：“中国不但人民需要民主主义，军队也需要民主主义。”1929 年 9 月 1 日，陈毅在《关于朱毛的历史及其状况的报告》中，也引用了红军的一副对联：“红军中官兵夫薪饷穿吃一样，军阀里将校尉起居饮食不同。”

（本文选自人民政协网）

那只“摇篮”的故事

文/佚　名

在于都县中央红军长征出发纪念馆里挂着一只摇篮。这只摇篮记载着几位红军医务人员的动人故事。

那是1934年，中央红军部队的后勤机关设在于都县新陂乡车脑村，红军的后方医院设在其中的一座姓氏宗祠里。

由于战斗激烈，前线红军的伤病员在大量增加，源源不断地向后方医院转来，临时征用的厅、屋里到处都躺着、坐着受伤生病的红军战士。有一天，由于红军要转移，从红军总部送过来五个几个月大的婴儿，最大的十个月，最小的刚出生。

原本照看守护伤病员的人手都远远不够，现在又要照看这些什么都不懂的婴儿，这个光荣而艰巨的任务交给了护士二组，要求她们在照顾好婴儿的同时原来的工作依旧。宁蓝是组长，院长语重心长地对她说：“宁蓝，一定要带好娃娃们，保证他们的平安与健康啊！”宁蓝攥着双拳毫不犹豫地回答说：“请领导放心，我们保证完成任务！”

护士二组共五个人，原来承担了四五十名伤病员的护理工作，每天都要量体温、打针、上药、抢救，外出找药配药，忙得连歇息的时间也没有，常常要连轴转，打个盹儿又投入工作中。对新接到的“照看五个婴儿”的任务，怎么办？他们可都是革命的后代，红军的后代呀。他们的父母有的正在前线指挥作战，有的已经牺牲。一定得想办法照顾好才行。正当宁蓝要召集姐妹们来商量的时候，一个护士匆匆跑来：“宁蓝姐，快去看看，有一个孩子又呕又拉的，

中央红军长征出发纪念碑

还有点发烧……”

宁蓝几步冲进了婴儿房。所谓的“婴儿房”，也就是一个小小的偏间，在地上铺了两块门板，用包袱裹着的婴儿们就睡在上面。

摸着孩子微烫的脸，宁蓝的眼睛湿润了。不禁在心里轻轻地念叨着：“孩子呀，你可要早些好起来哟。”

为生病的婴儿打完针，抱着喂好药，见孩子睡着了，宁蓝就叫一个小护士看着，自己离开了婴儿房，向刘阿婆家走去。刘阿婆的儿子参加红军打仗去了，媳妇因难产离开了人世，只留下8个月大的孙子陪伴着刘阿婆。宁蓝她们转移到车脑村后，便隔三岔五地抽空到刘阿婆家中看看，陪她聊聊天，干点家务，帮着带带孩子。

刘阿婆家没有锁门，宁蓝一直走到了厅里。“阿婆，阿婆，你在吗？我来看您了！”刘阿婆从厨房出来：“原来是闺女你啊，来，坐会儿，陪阿婆超超天（聊天）。”

“咦，你家的宝宝呢？”宁蓝问的是刘阿婆的孙子。

“他，在睡篮里。”

“睡篮？”

“噢！是我特意叫人给编的一个篮子。”

“快！阿婆，带我去看看。”

刘阿婆拉着宁蓝的手来到一个篮子旁边，指着篮子说：“这孩子真命苦，跟着我这老太婆受苦，因为没什么吃的，又没有奶水，一天到晚总是哭个不停，我要去做家务，放房间里又照看不到，不知道他啥时冷了，饿了。这下好了，他躺在这个篮子里，干活时我就用这个篮子把他提着去，既不影响我干活，又不用回家去看他，多好！”宁蓝由衷地称赞道：“阿婆不愧是有经验的人，能想出这么个好方法来！”一边说着话，摸着篮子，轻轻地为宝宝盖好小被子，一边想，如果将这个方法用到后方医院里去，不是就把问题给解决了吗？可是，到哪找篮子呢？

“闺女，你在想什么哩？”刘阿婆的话打断了她的思绪。“哦，阿婆！”宁蓝把自己想的说了出来。“好哇，闺女，你早说嘛！让阿婆来帮你们。”

“真是太谢谢了！”

“红军打土豪，打国民党，为咱穷人打天下，红军的事就是咱老百姓的事，你就别谢了。”听着阿婆的话，宁蓝的眼睛又一次湿润了，多好的群众啊！有了这样的群众，还有什么难关过不去呢？

宁蓝走后没多久，刘阿婆就带着几名妇女一起给医院送来了篮子。

宁蓝一看见刘阿婆她们给医院送了

篮子来，高兴得不得了，几个小护士却睁大了双眼，都用不解的眼光看着宁蓝，几乎异口同声地说：“篮子能干什么呀？”

宁蓝笑了笑说：“它们可是宝贝！待会儿你们就会明白了。”接着就叫小护士把篮子提进了婴儿房，只见宁蓝把孩子们一个个从“床板”上抱起，又小心翼翼地放进篮子里。

可能是声音太吵了，有个婴儿“哇哇”地哭了起来，紧接着其余四个婴儿也陆陆续续地伸着小手，张开嘴儿哭了起来。小护士们手忙脚乱地跑向篮子，要将婴儿抱出来。只听宁蓝叫着：“别抱别抱，大家看。”她边说边用手提起篮子，左右摇晃了几下，婴儿就不哭了，睁着圆溜溜的眼睛瞅着周围的大人。孩子笑了，小护士们都笑了，宁蓝也笑了。

一会儿，小护士们你一句她一句地建议说：“要是能找根绳子，把篮子吊起来，就可以不要提着了。”“对呀，那不就是吊篮子？”“不对，是摇篮。”“是睡篮。”……

几个人到老乡家中找来几根粗绳子，把篮子吊在房梁中。为了更好地照看好婴儿，篮子被吊在了不同的病房。这样，护士们进入每一个有婴儿的房间，照顾伤病员时都能同时照看到房内的婴儿了。那间专设的“婴儿房”也让外面的伤病员住了。

若是孩子哭了，旁边工作的护士迅速跑过去，轻轻地晃动着摇篮。孩子不哭了，护士又跑回伤病员身边，打针、上药……

两个月后，后方医院随着中央红军的大部队转移，摇篮和摇篮里的孩子曾先后辗转到了于都县的银坑、宽田等地。

“摇篮”和宁蓝这群小护士们的故事虽然已过去几十年，但许多红军战士都说看到纪念馆这只摇篮就有一种记忆犹新、恍如昨日的感觉。

（本文选自《光明日报》）

中央红军长征出发地纪念园